Catwalk

Nathalie Cros-Coitton
avec Caroline Andrieu

Catwalk

STUDIOFACT
EDITIONS

Couverture :
Conception graphique : Clément Buée
Photographie : © Shawn Brackbill

ISBN : 978-2-9580712-4-0

À mes enfants, à mon mari,
qui m'ont donné la force de me surpasser.
Je vous aime.

I

Le corps des gens

1

Une traînée de mistral fait vaciller les parasols, les franges qui bordent le tissu frissonnent. Sur le sable ombragé, une femme étend ses jambes et s'allonge : elle sent qu'elle pourrait s'assoupir. Elle ne tient pas en place, d'habitude, mais cette grossesse la fatigue. Elle se demande : « Mon enfant qui va naître, qu'est-ce qui l'attend ? » Il y a deux ans encore, une guerre agitait la France, et son mari militaire ne veut pas en parler. Cette guerre se passait de l'autre côté de la Méditerranée, sous un soleil qu'on dit de plomb. Le soleil de Saint-Raphaël est le même. Il écrase la plage, il dore les peaux nues, elle sait qu'il peut faire mal. Posant une main sur son ventre rond, elle murmure qu'« il n'y a rien à craindre ici ». Des familles s'installent non loin. « Michel, donne son chapeau au petit, tu vois bien qu'il est tout rouge », « Philippe, va donc jouer plus loin avec tes raquettes, tu nous enquiquines », « T'as vu Bernadette, le tissu des pliants il est tout usé, remarque depuis le temps c'est pas bien étonnant, mais quand même faudrait voir à en changer ». Bercée par le son des vagues et les mots ordinaires des vacanciers, Odette s'endort.

Pour la France comme pour la jeune femme, c'est une époque heureuse, le beau milieu de cette période faste qu'on appellera les Trente Glorieuses. Il y a du travail dans les usines, de plus en plus d'autos sur des routes qui n'en attendaient pas autant, elles se pressent sur des chemins macadamisés, s'enlisent dans de traîtres fossés, butent sur des nids-de-poule où les roues se fichent ; les caisses dévissent, et zou, dans le platane. Insouciance et mortalité routière, oui, mais comme la vie est belle quand ce n'est plus la guerre ! Les rescapés des camps se sont fondus dans la société, depuis le temps qu'ils sont rentrés, il semble qu'ils aient digéré l'affaire, la terrible affaire dont beaucoup voudraient témoigner. Mais qu'ils ne viennent pas rabattre la joie de la victoire et de la paix retrouvée, qu'ils se taisent ! Qu'importe alors ce qu'il se passe là-bas, vers l'est. C'est l'époque où l'on choisit d'ignorer quel drame s'est construit en même temps qu'un mur qui confine désormais la moitié de l'Allemagne du côté de l'Union soviétique. C'est l'époque où la France ne veut voir la vie qu'en rose. Déjà les rapatriés d'Algérie ont défait leurs valises, si légères d'avoir été bouclées si vite, ils ont cherché une place, compris qu'on ne les attendait pas ; beaucoup ont découvert que dans leur pays, il fait froid. Oui, mais dans les cinémas, toute l'année, il fait chaud et les gens sont beaux. Belmondo, Marcello, Bardot... c'est déjà fini pour Monroe. Sur le sable de Saint-Raphaël, alors que son mari discute avec deux congénères, tous trois immergés jusqu'à la taille de sorte que l'absence de maillot reste discrète, rien ne peut empêcher Odette de dormir.

C'est l'époque où l'homosexualité est classifiée parmi les maladies mentales par l'Organisation mondiale de la santé. L'époque où, partout, elle est perçue comme une pathologie psychiatrique, un comportement pervers, au mieux une simple anomalie. L'époque où elle ne s'avoue pas et ne se confesse pas davantage. De respectables époux s'égarent au bois, le soir après le travail, avant de retrouver, coupables et honteux, le domicile conjugal. Modifié le 6 août 1942 par le maréchal Pétain et plusieurs de ses ministres pour compliquer encore davantage la vie des « pédérastes », l'article 334 du Code pénal régissant les mœurs promet six mois à trois ans d'emprisonnement et une amende de 200 à 60 000 francs à quiconque aura commis, « pour satisfaire ses propres passions », « un ou plusieurs actes impudiques ou contre nature avec un mineur de son sexe âgé de moins de vingt et un ans ». Oui mais cet autre, rencontré dans l'obscurité du soir, dans le jardin après sa fermeture aux enfants, suivi derrière le bosquet et jusque dans une pissotière puisque le temps était mauvais, comment deviner son âge ? « Nous les amoureux, [...] c'est l'enfer qui nous guette, ou bien le fer et le feu », chante un certain Jean-Claude Pascal. Dans la France corsetée du général de Gaulle, il ose dénoncer la répression exercée sur les homosexuels. Avec ces mots, il a même remporté le concours Eurovision de la chanson, c'est quelque chose ! Mais sa carrière s'arrête là et rien ne change. Rien ne changera avant longtemps[1]. La paix est relative, puisqu'elle n'est pas partout ni pour tout le monde.

C'est l'époque où Johnny Hallyday chante que « cette fille-là, mon vieux, elle est terrible ». Celle où les ménagères entrevoient une possibilité d'évasion ; dans la cuisine en Formica jaune mitonne la daube, au salon la télé diffuse en noir et blanc. Le litre d'essence coûte moins d'un franc, et c'est déjà tellement. On ne le sait pas encore, mais le plein-emploi a du plomb dans l'aile, la faute aux femmes et aux pieds-noirs, la faute aux immigrés : déjà, il y en a qui disent ça. C'est l'époque où les corps étouffent. Où il n'est pas permis de se dépouiller d'un fil de maillot. Où de zélés gendarmes chassent le nichon bronzant, de Saint-Tropez jusqu'à la côte d'Émeraude, sur

1. En 1982, la gauche mitterrandienne met fin à la discrimination qui donnait la majorité sexuelle dès quinze ans aux hétérosexuels et à vingt et un ans pour les homosexuels.

toutes les plages, derrière chaque dune, sous chaque parasol, et ne parlons pas de ces satanés nudistes.

Tiens, celui-ci, le mari d'Odette. Sauter dans les vagues dans le plus simple appareil quand on a porté son uniforme toute la sainte semaine, que c'est bon, que c'est bon ! Odette ouvre les yeux, elle se redresse, les mains en visière, elle adresse un signe à son homme, elle reste là, à l'abri des rayons d'or. Comme son mari est beau et comme la vie est belle. Elle étend ses jambes toujours longues et fines, agite ses orteils couleur chair : elle ne peut plus les atteindre pour y poser du vernis, son ventre est déjà tellement rond. Elle ignore tout du petit être qui s'y confine pour quelques semaines encore, qui est à l'abri de tout, en cet endroit, en elle, dans le ventre et sous le parasol. Ils ne l'appelleront pas Marthe, à laquelle on souhaite pourtant sa fête le 29 juillet, jour de la naissance : en cette année 1963, certes moins que Sylvie (Vartan), davantage que Françoise (Hardy), et avant même que Gilbert (Bécaud) ne la chante, la mode est aux Nathalie.

2

Moi, sur la plage, je gardais ma culotte. Dans ce domaine comme dans d'autres, je faisais bien comme je voulais, et il se trouve que je préférais garder ma culotte. Le plus souvent, mes parents enlevaient tout. Ils n'étaient gênés ni par leur propre nudité ni par celle des autres baigneurs. La semaine, honnête secrétaire, ma mère portait une jupe au genou et un petit chemisier imprimé et coloré, fantaisiste par rapport à ses collègues, mais toujours bien comme il faut. Quant à mon père, il ne se départait pas de son uniforme. Le week-end, et surtout l'été, chaque fois qu'il faisait assez beau et assez chaud, nous prenions la direction de la plage et ils ne gardaient rien de ce qui, les autres jours, les rendait pareils aux autres gens.

Mon père, surtout, se permettait de sortir du rang. Un comble pour un militaire, mais c'est un fait : lieutenant dans l'aviation légère de l'armée de terre, il aimait que sa peau prenne l'air. À poil les parents. À poil les autres gens. Je n'y voyais aucun problème, pas le moindre inconvénient. Je ne regardais pas les corps. Pas les fesses, pas les seins, pas les sexes enfouis ou pendants comme le fruit suspendu à la branche. Je ne regardais pas les peaux, ni la couleur des yeux, ni la forme des oreilles sous les cheveux et les chapeaux. Je regardais mes parents et les autres gens qui aimaient se trouver là, sur la plage de Pampelonne ou de Saint-Tropez, non loin de la cité où nous habitions avec les autres familles de militaires. Un parasol pour les enfants, un pour les parents, et la glacière au milieu. Nous formions une espèce de communauté unie par des valeurs éprouvées par les actes et défendues par les discours à tout moment, jusque lors des repas familiaux et encore là, tout nus sur la plage : courage, dignité, altruisme, humanité, esprit d'équipe. Partage.

Mon père partageait tout, je ne veux pas savoir à quel point. Je devinais que se retrouver à plusieurs dans une chambre ne relevait pas pour mes parents du même mouvement que celui qui les poussait à faire sauter le maillot sur la plage. La porte était fermée, et les vestes des invités, que j'avais croisés à l'heure de l'apéro, étaient encore suspendues dans l'entrée. De toute façon, moi, j'étais une toute petite fille, je n'avais rien à faire avec les grands passé l'heure du dîner. Je me brossais les dents, j'allais me coucher. Je ne m'occupais pas des corps des autres, j'avais le mien, il m'appartenait, personne n'y touchait, j'étais libre et normalement aimée, je suppose. À la fin des années 1960, dans le contexte de la libération sexuelle, j'étais élevée selon les normes de l'époque par des parents épanouis et sans déviances.

Je ne trouvais pas déviants non plus les personnages hauts en couleur qui s'exhibaient sur la plage, ces garçons qui se tenaient la main, qui riaient fort en prenant des airs délicats, qui faisaient de drôles de gestes en parlant, une main sur la hanche, l'autre paume tournée vers le ciel. Certains restaient habillés, au moins un moment après leur arrivée : ils étaient venus presque déguisés – selon mes yeux d'enfant –, ils laissaient l'effet de surprise durer un peu, le temps d'être sûrs d'avoir été remarqués. J'adorais les regarder. J'enviais leur fantaisie. Leur liberté. Mes parents les trouvaient sympas, eux aussi : se foutant des convenances, ils partageaient le goût de l'extravagance, la même eau, la même joie. Moi, je faisais la vigie. Lorsque les gendarmes arrivaient, je courais crier aux corps dévêtus sur la plage de se jeter dans la mer. En quelques secondes, on ne voyait plus sur le sable que des tas de serviettes et de vêtements disparates. La société jugeait mal leurs propriétaires, mes baigneurs nus… Parce qu'ils n'avaient pas des manières « correctes » ? Je ne comprenais pas le problème. Toute sage dans mon maillot, innocente dans mon corps menu, sans taille, sans hanches, sans poitrine, je leur savais gré de mettre des couleurs dans ma vie.

Mon père se fondait dans cette masse bigarrée et je l'observais sans curiosité particulière. J'avais accepté qu'il soit pluriel : le militaire strict, ayant épousé les valeurs de l'armée, l'ordre, la discipline, et le peintre contrarié, celui qui me répétait : « La seule chose qui compte, dans la vie, c'est l'art. » Il avait passé un an aux Beaux-Arts, en Tunisie, où son père – également militaire – se trouvait en garnison, mais ses parents avaient peu de moyens et il avait dû arrêter ses études pour suivre la carrière de papa. Toute sa vie a été un énorme gâchis. Il l'a passée à lutter contre lui-même. Sauf sur la plage, donc, l'été, quand il se foutait à poil avec les autres gens, sûr qu'il ne risquait rien puisque sa parfaite et dévouée fillette guettait, toujours volontaire pour sonner l'alarme. Vingt-deux, v'là les flics, et tout le monde filait à la baille.

Longtemps, mon père a fait de moi sa complice. Lorsque j'ai eu sept ans, ma mère a eu un deuxième enfant, mon frère, que je regarderais grandir avec la distance des années qui nous séparaient. Deux duos se sont formés dans la famille, sans que je m'en rende compte, évidemment, sans que j'aie eu le choix, sans que j'opte pour un camp plus que pour l'autre. Cela s'est fait comme ça. D'un côté, ma mère et Stéphane, de l'autre mon père et moi.

J'ai vécu une enfance couleur d'orange. Lumineuse et amère. Pas triste, mais compliquée. Je ne me sentais pas en sécurité. Je ne connaissais pas l'insouciance. Mon père disait : « Quand je serai mort, je ne veux que toi à mon enterrement. Toi, et les Pink Floyd. » Ce genre de phrase, c'était comme un collier à mon cou, un collier de chien que l'on a dressé, un lien bien serré, et la main de mon père tenant la laisse. Il disait : « Ta mère est nulle. Bonne à rien. Tu n'es pas comme elle. » J'étais donc comme lui ? Je me permettais d'en douter, et je ne trouvais pas que ma mère était nulle. Puisque je n'étais pas invitée à réagir, je gardais mes commentaires pour moi. Il me disait même parfois : « Ne lui dis pas que nous avons passé l'après-midi avec une amie. C'est notre secret, ça ne la regarde pas. » Forcée à la duplicité, au mensonge, et donc au silence : elle était là, la déviance. À part ça, tout m'allait. Le yéyé, les homos, les corps nus, tout me convenait.

3

Il peint des tableaux silencieux. Des intérieurs en clair-obscur où les personnages gardent la bouche fermée, quand ils ont un visage. Il faut payer les factures, certes, assumer la charge de cette épouse et de ces deux enfants : par la force des circonstances, il a appris à se satisfaire de son sort. Dans l'armée, la place est garantie, et il sait y faire pour ne pas se voir demander trop. Bien sûr, à choisir, il aurait préféré une autre vie. L'hiver, l'hiver surtout, il pousse les meubles dans un coin du salon, sort sa palette et son chevalet, et il peint. Il ne donne pas d'explications sur ses œuvres, d'ailleurs ni sa femme ni ses enfants n'oseraient lui en demander. Il peint des tableaux muets quand il voudrait crier. Aimer. Jouir. Il se sent coincé, accablé par un choix trop vite fait, peut-être, alors qu'il se trouvait avec son père quelque part en Tunisie. Il avait rencontré cette belle fille, Odette Bouakkaz, gentille, attirante, et séduite. Il avait aimé être avec elle, puis il s'était habitué, avait accepté l'idée que le couple, c'est aussi cela, une affaire d'habitudes, de compromis, de renoncements. Il avait admis que la passion n'a qu'un temps.

Sur une toile que Nathalie gardera, Odette figure au premier plan, debout – il la représente toujours debout, longue, encore plus mince qu'elle ne l'est, car elle l'est, par nature. Il la peint maladive, et pourtant forte et droite sur ses deux jambes, ses cheveux cuivrés comme des fils de laine sale pendent de chaque côté de son visage maigre, couvrant une de ses joues, pourquoi se fatiguer à les rejeter en arrière... Comme elle paraît lasse même si elle est debout. Ses lèvres closes grimacent un mécontentement, un avertissement, une désapprobation, elles semblent n'avoir jamais souri. Ses yeux sont enfoncés dans leurs orbites, elle n'a pas de regard. S'il se sent prisonnier – de son mariage ? –, c'est pourtant l'épouse face à lui qui fait figure amère. Elle tend une main vers l'avant, vers le spectateur, vers le peintre, comme pour dire « alors, tu ne vas donc pas me laisser sortir ? », tandis que son autre main est posée derrière la tête de la fillette. Celle-ci – Nathalie ? – cherche protection contre les jambes de sa mère, elle baisse obstinément la tête vers le sol mais sous la masse de ses cheveux dorés, son visage n'est qu'un magma de pierre grise. Elle a l'air si petite, si menue, si fragile, autant que la mère est grande. Et c'est le peintre que l'enfant paraît craindre.

Sur une autre toile dont le style rappelle davantage Francis Bacon qu'Edvard Munch, un homme a rejoint les deux personnages. Ils se tiennent dans une pièce qui peut être une cuisine, ou une salle à manger. La fillette au visage de pierre laisse derrière elle les deux adultes, elle s'avance vers le cadre dont elle s'apprête à sortir comme on quitte une pièce. Pour se mettre à l'abri de ce qui s'y passe, s'écarter de la scène qui s'y joue. Au fond, la mère se tient debout, encore, muette et toujours l'air sévère ; elle regarde l'homme, assis sur une chaise. Elle le toise de toute sa hauteur, raide, implacable. Affalé sur la table qui le sépare de sa femme, il pleure. Il pleure sur lui-même, cache son visage entre ses bras. Qu'a-t-il donc fait ?

4

J'étais maigre parce que je ne mangeais rien. J'ai entendu dire que les très jeunes enfants ne se laissent pas mourir de faim – s'ils ont le choix de se nourrir ou pas, ils se nourrissent toujours assez pour survivre. Les adolescents, malheureusement, vont parfois plus loin. Trop loin. Moi, à cinq, sept ans, je ne mangeais rien et j'étais telle que mon père m'a représentée. Comme si je voulais disparaître, me gommer, m'effacer. Aujourd'hui, je me demande pourquoi personne ne remarquait que je me nourrissais de lait et de chocolat, et de rien d'autre. Personne ne voyait que mon corps ne respirait pas la santé. Il est probable que personne ne me regardait. J'étais une spectatrice de la vie des autres et aussi de la mienne. Personne ne regarde jamais les spectateurs de près.

Mon père était un acteur. Je veux dire que c'était un homme agissant. Il jouait sur la grande scène de la vie et il aimait être vu. Un vrai spécimen de mâle dominant – né en 1936 –, bien fait de sa personne, séduisant et conscient de l'être. Il manquait d'ambition, peut-être simplement parce qu'il n'était pas matérialiste. Il était aussi très manipulateur. Avoir une fille ne lui déplaisait pas. J'étais sa meilleure compagnie, sa confidente – bien malgré moi –, le miroir dans lequel il pouvait se flatter d'être beau. Ses toiles me laissent à penser qu'il ne se trouvait déjà plus si beau dans les yeux de sa femme, pourtant restée amoureuse de lui jusqu'au bout. Il pouvait tout lui imposer, tout lui faire subir, il pouvait la dénigrer, l'humilier, elle le trouvait encore merveilleux. Elle avait appris très tôt le sens du sacrifice : son père, tirailleur algérien, était mort en héros, en janvier 1944, lors de la bataille de Monte Cassino[2]. Son épouse, Lucie, veuve de guerre, avait reçu de l'État, pour sa subsistance et celle de ses nombreux enfants, un café dans la ville de Tunis, alors protectorat français. Il y avait fort à faire, beaucoup d'heures à ne pas compter. Odette était chargée de s'occuper de ses frères et sœurs.

Mes parents se sont rencontrés en Tunisie, puis ils ont parcouru la France au gré des affectations

2. Lors de la bataille de Monte Cassino, en Italie en janvier 1944, Hammadi Bouakkaz, du 4e régiment des tirailleurs tunisiens, avait juré à ses hommes de parvenir au sommet du Belvédère et de remporter ainsi la bataille. Tué par un tir allemand lors de l'ascension, son corps fut porté jusqu'au sommet par ses camarades victorieux. Une place porte désormais son nom face à l'église Saint-Dominique, à Bonifacio.

de mon père. Je suis née à Bourges, j'ai grandi sous le soleil du Var et nous allions souvent en Corse et en Tunisie, où nous avions beaucoup de famille. Je me faisais des copines de vacances, le temps de quelques semaines, et puis on ne se revoyait plus. C'était une époque où les enfants étaient laissés dans l'eau sans grande surveillance. Un jour, nous étions trois sur un matelas pneumatique, nous nous sommes éloignées du bord sans savoir comment revenir. Une des filles a sauté pour revenir à la nage. J'ai vite constaté qu'elle allait se noyer et j'ai plongé pour la secourir. J'ai réussi à la faire remonter « à bord », nous avons pagayé avec nos mains pour revenir sur la plage. Nous nous sommes fait copieusement engueuler et je n'ai pas parlé de mon exploit : j'avais sauvé une vie ! Personne ne voulait m'écouter, tant pis. Je savais à qui je raconterais tout dès notre retour à la maison...

La salle de bains était mon antre et j'y avais des amis. La petite société des appareils et équipements qui y logeait me laissait partager ses jeux, ses amours, ses disputes. Le lave-linge Calor, ouverture par le haut, était le chef. Il entrait souvent en conflit avec le sèche-cheveux. Le fer à lisser s'en mêlait, mais il envenimait toujours les choses. Heureusement, il était susceptible : une parole de travers et il se mettait à bouder. Le rasoir de mon père se lamentait contre le mauvais traitement que ma mère lui faisait subir à la belle saison, histoire d'avoir les jambes lisses. Le robinet se plaignait qu'on le fermait toujours mal, qu'il gouttait sans cesse et qu'il finissait par s'enrhumer. Je devais calmer et réconcilier ce petit monde. Parfois, je leur parlais tout bas. Je me confiais surtout au lave-linge, il était celui qui savait écouter. « Quand je serai grande, je serai présidente de la République. Ou actrice, comme ça, je pourrai jouer le rôle d'une assistante sociale à la télé. » Pourquoi ne pensais-je pas plus simplement à devenir assistante sociale ? Je passais ainsi des heures dans la salle de bains, et les adultes ne se demandaient pas plus que lors des baignades ce que je fichais là. Le néon au-dessus du miroir m'a chaudement félicitée pour la noyade que j'avais évitée.

Est-ce que j'avais consigné cet épisode dans mon journal intime ? Je ne m'en souviens pas. Mon père s'emparait de mon cahier et m'obligeait à corriger les fautes. Alors bien sûr, un jour, j'ai cessé d'écrire.

5

C'est l'époque de Funès. Le gendarme est allé voir New York, il s'est marié et, comme on n'est pas à une absurdité près, il rencontrera bientôt des extraterrestres avant d'accueillir dans ses rangs des gendarmettes. Mais oui, des femmes dans la gendarmerie… C'est l'époque où l'on fiche une paix relative aux impudiques des plages. Les coquines enlèvent le haut : on ne parle pas encore des ravages du soleil sur la peau, et jusque dans le corps, il n'est pas question de cancer, ou si peu. Une misogynie ordinaire imprègne les planches des revues satiriques – les dessinateurs et auteurs de bande dessinée restent des mâles – comme celles du sérieux *Figaro* sous le crayon de Jacques Faizant : ici comme là, les femmes sont montrées telles que ces messieurs railleurs les voient : petites salopes dans leur aguichante jeunesse, elles perdent tôt leur fraîcheur et leur taille s'épaissit, les voici bientôt mémères à tout faire.

Au cinéma, il est question d'une biscotte. Celle que les doigts d'Albin, dit Zaza, peinent à couvrir de beurre sans la briser, provoquant l'ire de Renato et le rire du public[3]. Mais quand même, nous sommes au frémissement de l'amorce d'un entrebâillement d'ouverture d'esprit. Charles Aznavour a joué, le temps d'une chanson, le rôle d'un homo, travesti et malheureux, forcément malheureux, puisque l'objet de son tourment se plaît « au lit des femmes ». Mais la chanson est belle et dit quelque chose comme « ces gens-là ont un cœur aussi ». Elle passe sur les antennes des radios pirates, qui émergent par dizaines, montées à la sauvage sur les toits des immeubles, dans les cuisines des appartements entre les poêlons et les spatules, qui prônent que toutes les paroles doivent être libres. Ces gens-là téléphonent et parlent dans l'anonymat. De respectables époux continuent de s'égarer au bois, le soir après le travail, avant de retrouver leur foyer, les adolescents se planquent de leurs parents, et même de leurs amis. En Amérique, ils osent. Ils défilent. En France, pas encore.

La France, elle se remet peu à peu d'un choc pétrolier. Et comme l'essence, ça coûte cher, elle

---

3. *La Cage aux folles*, une pièce de Jean Poiret adaptée au cinéma par Édouard Molinaro (1978).

roule au diesel. La pollution, le climat, tout ça, on ne sait pas. On fume dans les bagnoles, dans les bureaux, dans les logements, au nez et à la fontanelle des nourrissons : là non plus, on ne sait pas les ravages. La vie est belle parce que ce n'est plus la guerre et pas encore vraiment la crise, et parce que depuis Courrèges et Mary Quant, les jupes ont raccourci. Parce que les femmes sont de plus en plus nombreuses à avoir un emploi, et même un compte en banque à leur nom sur lequel elles encaissent leur salaire, quand elles se le permettent. Odette a voulu apprendre l'anglais pour progresser dans son travail de secrétaire dans un groupe hôtelier, son mari a refusé tout net. Odette n'a pas insisté.

Toute la famille habite à Paris maintenant, dans une autre cité militaire, boulevard Lefebvre dans le 15e arrondissement, et Nathalie s'ennuie. Fini les week-ends à la plage, direction le parc où elle ne connaît personne. Où les promeneurs sont gris et tristes comme la ville. À l'école, au collège, comme elle est fine et grande, on l'appelle « la girafe », et dans la bouche des imbéciles moqueurs, c'est aussi facile que peu flatteur. Elle est toujours attifée bizarrement. Sa mère se pique de savoir coudre, alors elle ajoute des volants mauves à un tee-shirt orange et voici la gamine habillée d'une robe. De toute façon, Nathalie se sent différente des autres ados, alors un peu plus, un peu moins... Enfin quand même, ces frusques étonnantes dégotées boulevard Barbès, chez Tati, et ce fond de stock de chez Paco Rabanne, chiné par sa mère sur un coup de tête et sans demander l'avis de sa fille, ces jupes et ces vestes déstructurées, complètement incongrues dans la cour quand les autres arborent toujours un pur look baba cool, Nathalie laisserait bien le tout au placard. Mais alors, que se mettrait-elle sur le dos ? Elle ne se rebelle pas. Elle ne fait pas de vagues, elle se fait oublier. Elle ne demande rien et n'attend rien ; ainsi, elle n'est jamais déçue. Certains jours, elle enfile un pull beaucoup trop grand pour elle, ne coiffe pas ses cheveux et marche la tête baissée, les bras ballants, paumes ouvertes vers l'avant. Elle pense : « Aujourd'hui, je fais la moche. » Le stratagème fonctionne. Personne ne la remarque ? C'est ce que Nathalie veut : la paix. C'est ce qu'elle a obtenu à force de se faire oublier. Ses parents travaillent. Son petit frère est bien mignon, elle joue avec lui de temps en temps, mais la vie de cet enfant la concerne peu. Elle a ses propres clés, elle vit presque en autonomie. Son père lui a exposé le programme : « Tu trouveras un bon mari qui prendra soin de toi. Tu seras secrétaire dans l'armée. » Adolescente, Nathalie ne parle plus au lave-linge, ne se confie plus à son journal, à peine aux copines, mais elle s'est promis-juré que suivre ce programme, il n'en était pas question.

II

Ceci n’est pas du Magritte

1

Il a hésité sur la nuance. Un rouge s'imposait, mais lequel ? Incarnat, cramoisi, rubis ? Agressif. Sang de pigeon, coquelicot, cardinal ? Excessif. Toledo, volcano, stromboli ? Explosif ! « Et corail ? Vous avez pensé au corail ? C'est joli, corail. Un peu orangé, mais pas trop. Lumineux, original. Ah oui, franchement, moi si j'étais vous... » Quelle vulgarité. Le concessionnaire, cet abruti, n'aidait pas. Ce serait donc rouge. Un rouge primaire. Classique. Parce qu'en matière d'automobile comme de couture, le basique, c'est le chic. « Monsieur, la peinture sera à la teinte de votre choix, puisqu'on vous l'offre... » Une faveur, quelle indignité... Comme s'il ne pouvait pas se payer lui-même le luxe d'afficher, jusque sur la carrosserie de sa voiture, sa singularité, sa réussite, son succès ; comme s'il était de ceux qui marchandent, attendent un geste pour sortir la monnaie et donner à croire qu'ainsi satisfaits, ils reviendront. Il avait tranché. « Rouge. Simplement rouge, ce sera très bien. » Puis, pour effacer la condescendance de sa phrase : « De toute façon, ce qui compte vraiment se trouve sous le capot, n'est-ce pas ? »

Il est content comme quand il était enfant, innocent, impuissant. Sur le parquet du salon, il poussait ses petites voitures en bourdonnant des *vroum* enthousiastes, une lame était une route, les nœuds dans le bois figuraient des ronds-points, des terre-pleins, des nids-de-poule, le tapis, une forêt. Il disait : « J'aurai les mêmes quand je serai grand. » Maman acquiesçait sans le regarder. En effet, elles sont là maintenant, alignées sous l'abri qu'il a fait construire expressément pour elles dans le jardin, côté nord, malgré les protestations de sa femme qui aurait plutôt vu là une plantation de camélias parsemée de fusains rampants, une balancelle, et pourquoi pas quelques hydrangeas. Il lui fallait cette petite dernière pour compléter sa collection : deux sont noires, une troisième, vert sapin, que des familiales, il lui fallait ce coupé rouge, tellement pratique pour se rendre au bureau. Et quel plaisir de la conduire, quelle jouissance même ! C'est bien simple : elle ouvre le périphérique comme Moïse écarta les eaux.

Deux cent vingt chevaux dans le moteur – quatre cylindres de 2,8 litres, bloc en fonte et culasse en alu ! –, système de radiateur par compresseur, jantes et calandre chromées, aileron fixe à l'arrière, pare-chocs butoirs à soufflets, colonne de direction télescopique, quatre cadrans, appuie-tête, volant et intérieur cuir. Important, l'intérieur cuir… Directeur de casting pour une grande maison parisienne, il s'est montré sourcilleux sur la qualité du tannage, la régularité des points, le velouté du levier de vitesse. De son exigence, il se vante. En soirée, ce mot qu'il croit bon, qu'il lance avec une feinte désinvolture : « J'habille ma femme de haute couture, je roule en haute voiture ! » Prendre place à bord du coupé rouge constitue presque un privilège : il ne l'a accordé qu'une fois à sa propre épouse, juste le temps de lui démontrer qu'elle ne saurait pas piloter ce bijou. « Elle est trop nerveuse pour toi, ma chérie, tu vois bien comme elle file, ouh là là ! Tu as vu ça ? Nerveuse, je te dis, juste nerveuse comme il faut pour moi, mais pour toi, non, vraiment, beaucoup trop nerveuse… »

À la jeune créature qu'il a promis de raccompagner jusqu'à son domicile, galant, il ouvre la portière. Elle s'installe, boucle sa ceinture avec nervosité, serre ses mains entre ses genoux. Qu'elle le veuille ou non, il l'emmène faire un tour.

2

Quelques semaines plus tôt, je marchais dans la rue, du côté de la porte de Versailles, lorsqu'un homme m'avait abordée : « Vous êtes jolie, voulez-vous devenir mannequin ? » Est-ce que j'étais jolie, vraiment ? Je ne m'étais jamais posé la question. J'imagine que j'avais ce qu'il fallait au bon endroit. Grande, fine, des seins déjà, une masse de cheveux noirs, admettons... Ce « chasseur » se montre poli, respectueux, je ne vois ni n'entends rien de louche dans son discours, je l'écoute. Il me débite son laïus avec beaucoup d'assurance et de détails, je sens bien qu'il n'improvise pas. Il m'assure : ce serait un travail agréable, pas fatigant en tout cas, je gagnerais de l'argent, beaucoup d'argent, je recevrais des cadeaux, je pourrais même voyager à l'occasion... Mais je suis libre, bien sûr, il ne veut pas insister, il me laisse le temps de réfléchir, c'est à moi de voir.

Il me tend une carte avec le nom d'une agence, en fait juste un prénom, et une adresse dans le 11e arrondissement. Alors je m'entends répondre : « D'accord, pourquoi pas ? » Et nous nous rendons ensemble à l'agence de mannequins, à bord de sa voiture, un modèle tout à fait quelconque, propre, sans intérêt ni mérite sinon celui de transporter d'un point A à un point B le conducteur et ses passagers.

J'ai quinze ans. En marge du lycée, je travaille comme vendeuse, le week-end, pour m'acheter des fringues que je juge à peu près normales comparées à celles que ma mère me fabrique ou me dégote, et avoir de l'argent de poche à dépenser en vacances. Peut-être pour ne rien avoir à demander, aussi. Et pour ne pas avoir à dire merci. Nous sommes en 1978, même à Paris on ne s'habille pas si facilement à bas prix et mes parents ont des revenus limités qu'ils ne dépensent pas à tort et à travers. Ils ne satisfont pas mes envies, banales pour une gamine de cet âge-là : quand on cherche à savoir qui l'on est, il est tentant d'essayer différents costumes.

Mon père m'a offert une cape dégriffée que j'ai eu le malheur de prêter à une copine. Voyant la cape sur d'autres épaules que les miennes, il a jugé que je ne prenais pas soin de mes affaires et décidé qu'il ne m'achèterait plus rien. Et comme pour me montrer que je ne méritais sans doute pas ses attentions, il a fait un cadeau à ladite copine, une jolie statuette en ébène. Elle n'a rien compris à la raison de son geste mais elle l'a prise, bien sûr. Moi, j'en ai eu mal au ventre pendant trois jours, et puis j'ai décidé que la jalousie ne me valait rien de bon, que je ne serais donc plus jalouse de qui que ce soit, jamais. Et puisque tout devient si facilement sujet à discussion avec mon père, j'aime mieux me taire et me débrouiller seule. Je suis très libre d'aller et venir, je me déplace partout sans contraintes, et tant que mes notes au lycée sont correctes, je ne rends de comptes à personne sur mon emploi du temps, mes activités, l'argent que je gagne et comment je le gagne. Faire des photos, c'est une option.

Cette agence de mannequins est sérieuse. Modeste par sa taille et par les filles qu'elle représente – pas de grandes stars –, elle travaille selon les codes et les normes de l'époque. On me prend en photo comme je suis habillée ce jour-là, jupe-tee-shirt-espadrilles, pas maquillée, pour pouvoir me présenter aux directeurs de casting. On me prévient bien qu'il ne se passera peut-être jamais rien de plus : j'entre dans un catalogue, il se pourrait donc que je sois choisie, un jour, par un client, mais c'est très incertain, alors inutile de faire des plans sur la comète. Je n'en fais pas. Mes parents non plus : ils sont à peine au courant. Ils n'ont été amenés à donner ni leur avis ni leur autorisation pour les photos que j'ai laissé prendre de moi. Je n'ai que quinze ans, mais la loi ne les oblige pas à savoir ce qu'il m'arrive. Et la loi n'exige aucune garantie de la part des agences de mannequins.

Je mène ma vie d'adolescente, je continue mes petits boulots, je me dis qu'on verra bien. Pourtant, oui, je suis rappelée très vite, et quelques semaines plus tard, je me retrouve en grand format dans les stations de métro. Ça m'amuse jusqu'à ce que j'entende un type, sur un quai, commenter pour son copain : « Putain qu'elle est bonne ! » Je me tiens à deux mètres de lui et il ne m'a même pas regardée, donc pas reconnue. Je serre ma veste sur les deux excroissances qui m'ont poussé tranquillement mais sûrement ces deux dernières années, sans que je puisse les en empêcher, hélas. Pour les apprivoiser, je leur ai donné des noms : Bill Tatoum et Bob Turlip. Bill et Bob, générateurs de concupiscence.

À l'agence, ils sont tout excités. Plusieurs mois ont passé, je n'ai pas eu d'autre occasion de jouer au mannequin, mais au printemps, une marque prestigieuse demande à me faire passer un casting en vue d'une campagne publicitaire pour un parfum. Elle travaille peu avec les créateurs du haut du panier, plus habitués aux stars des podiums. J'ai rendez-vous dans un studio où je prends la pose pour un photographe, en guise d'essai. Plusieurs personnes sont présentes, et toutes m'observent avec attention. Comment ça marche ? Je ne sais pas très bien qui est censé faire quoi dans ce grand barnum, je m'acquitte de ma tâche sans demander. En effet, c'est facile et ça rapporte davantage et plus vite que la vente de vêtements dans les boutiques de Montparnasse le samedi après-midi. Certaines de mes copines à qui j'ai parlé du projet m'envient alors que je ne me réjouis pas particulièrement, comme si j'étais la spectatrice de la scène dans laquelle je tiens pourtant le premier rôle. Ce qui arrive arrive, c'est tout.

Quelques jours plus tard, je suis convoquée au siège de la maison de haute couture, celle qui va lancer son parfum, dans un quartier chic où je ne vais jamais parce que je n'ai jamais rien à y faire. Les bureaux sont perchés dans les étages élevés d'un majestueux bâtiment haussmannien. Tableaux de maîtres aux murs, carrelages rutilants, parquets à l'ancienne, tapis de soie, moulures immaculées et cheminées de marbre : comme dans le poème de Baudelaire, « là, tout n'est qu'ordre et beauté, luxe, calme et volupté ». Une secrétaire me fait asseoir dans un salon, une espèce de salle d'attente, je m'enfonce dans un fauteuil moelleux. Je suis venue après les cours, je suis seule, je dénote dans ce décor précieux avec mon sarouel et mes espadrilles compensées. Je n'ai pas les codes, ce monde n'est pas le mien, mais il m'amuse plus qu'il ne m'impressionne.

Un homme jaillit d'un bureau, un peu grassouillet, le menton haut, costume strict, l'air autoritaire. Il me détaille quelques secondes puis il se tourne vers sa secrétaire qui se tient à l'entrée du salon : « C'est bon Michèle, annulez toutes les autres. On a trouvé. » Ça alors, j'ai décroché le job !

3

Elle n'a pas l'air d'avoir quinze ans, la gamine. Elle en fait bien dix-huit. N'était ce grain encore irrégulier de la peau, peut-être même vingt. Elle a déjà tout d'une femme. Ses seins, deux poires fermes et souples à la fois, il les envisage sous le chemisier de coton blanc. Quand elle se lève et le précède dans le bureau, il note que seule l'étroitesse de ses hanches trahit son jeune âge. Le pantalon dont elle est affublée, hélas, ne laisse rien deviner de la rondeur de ses fesses, c'est un vêtement grossier, une guenille de hippie qu'elle a dû cueillir dans une friperie des Halles. Il faudra lui enseigner les bases, on ne représente pas une maison aussi prestigieuse avec une allure aussi vulgaire, puis il faut lever la tête quand on marche, coiffer cette tignasse enfin. Cette fraîcheur qui émane d'elle. Cette fraîcheur sauvage. Adorable lionne, lionne et pucelle sûrement, adorable *lionceaune*, il faudra tout lui apprendre.

Il voit déjà les images, des étincelles plein la rétine. C'est une trouvaille, cette petite, une pépite. Il est allé la piocher dans le catalogue d'une agence sans envergure... Quelle riche idée lui est venue ! Nathalie, elle s'appelle. Nathalie, comme toutes les gamines d'un milieu populaire de son âge. Il lui trouvera un pseudonyme, peut-être, à voir. Quelque chose de plus distingué, ou un prénom plus court, un peu exotique, puisqu'elle est racée pour une Française. Nathalie, Nadine, Mathilde, Maya, comme l'abeille qui butine... Non, pas Maya, et pourquoi pas Nana, comme l'autre ? Il ne se souvient pas bien : Nana, c'est une poule ?

Elle a pris place dans un fauteuil face à son bureau. Elle croise ses cuisses fines, les mouvements de ses doigts trahissent une certaine nervosité. Il lui parle, il lui parle sans jamais se taire, il l'apaise, il l'endort. Elle est sûrement pleine d'ambitions et prête à tout pour réussir, et lui, sorcier, sait comment jeter de la poudre aux yeux des jolies biches. Tout en promettant la lune à la jeune fille, il manipule négligemment la clé du coupé rouge sur le sous-main de son bureau et s'interroge en secret. Dans quel modèle de voiture ses parents roulent-ils ? Il fait un pari avec lui-même : une Renault 14 de couleur orange, comme cette peluche épaisse que son petit dernier regarde à la télévision. Une R14, il acquiesce pour lui-même en même temps qu'il détaille l'ourlet de la bouche de Nathalie, une R14, ce serait cohérent, il lui demandera confirmation un peu plus tard, quand ils se connaîtront mieux, s'il arrive qu'ils se connaissent mieux, si son plan ne rencontre aucun accroc, ils en riront ensemble. D'ailleurs, ses parents, où sont-ils ? Ils ne veillent pas de très près sur leur fille, tant mieux, mais s'il les rencontre, il saura les rassurer. Ils peuvent lui faire confiance, à lui, Monsieur le Directeur de Casting, pour parfaire l'éducation de Nathalie. Bien sûr, Nathalie n'a aucun métier, aucune technique, ce n'est pas encore un modèle... Mais vraiment, c'est un joli petit tas de pâte à modeler.

4

Il n'arrête jamais de parler. C'est fou comme je l'inspire. Dans son vaste bureau où nous sommes seuls, porte fermée, il me promet la gloire. La fortune. Une carrière internationale : « Je vais faire de vous ma Brigitte Bardot. » Mais quand même, vient le moment où il émet quelques réserves. Telle qu'il me voit là, évidemment, il ne peut pas faire un autre choix, mais il faut qu'il vérifie : il a préparé une tenue que je dois essayer pour qu'il vérifie si je suis à l'aise avec mon corps. Je ne lui dis pas que non, que je ne m'entends pas toujours très bien avec la grande enveloppe qui m'abrite. Ou peut-être que je le lui dis, mais pas assez fort, et qu'il ne m'entend pas.

Bien que noire, la robe qu'il m'impose est plus transparente que les voilages de la cuisine chez mes parents, et j'ai dû enlever mon soutien-gorge. Maintenant, à moi de lui montrer comment je marche sur des talons. Je n'en porte jamais. J'ai l'impression d'être hissée sur des échasses. Absorbée par l'exercice d'équilibriste auquel je suis soumise, j'essaie d'oublier ma nudité. Monsieur le Directeur de Casting tourne autour de moi, m'indique une direction, m'observe de face, de profil, de dos. Il se tient derrière moi, je sens son ventre qui me frôle, il m'explique, geste à l'appui, comment je dois ouvrir les épaules pour me tenir plus droite. Il répète : « Magnifique, magnifique, c'est ça... » Il relève mes cheveux pour voir mon cou, prend du recul, me fait marcher encore, de long en large devant son bureau.

Je me concentre sur chacun de mes pas, appliquée à bien faire même si je suis mal à l'aise à cause de Bill et Bob en liberté sous le tissu trop fin de la robe. Ils m'encombrent tellement ces deux-là. Souvent, j'aimerais pouvoir les poser sur la commode avant de quitter ma chambre. Je sais qu'ils n'ont pas fini de grossir puisque je n'ai que quinze ans, et je vois déjà trop le regard des garçons, et même des hommes, qui se pose dessus. Ils ne se rendent pas compte que je perçois leur curiosité, leur envie. Ils fixent ma poitrine sans pudeur et sans respect, je n'existe pas, il n'y a personne au-dessus du duo d'enfer. Parfois j'ai envie de leur crier : « Eh oh ! levez un peu les yeux, Nathalie, pas enchantée de vous connaître, non, pas du tout... » Je ne dis rien, évidemment, je me détourne d'eux, de façon quasi instinctive.

Je ne vais pas m'abaisser à jouer les outragées, d'ailleurs ça ne servirait à rien. Je porte des vêtements plutôt amples pour éviter ces regards, c'est tout ce que j'ai trouvé, et l'astuce ne fonctionne pas toujours.

Est-ce que Monsieur le Directeur de Casting s'intéresse à Bill et Bob ? Je ne me pose pas la question : une petite voix en moi me conseille de m'abstenir. Dans ce bureau, je dois me comporter en professionnelle, ce qui consiste à marcher droit, fièrement perchée sur ces talons, à être belle. Je ne dois pas décevoir Monsieur le Directeur de Casting. Et je ne veux pas non plus décevoir mes propres attentes : j'entrevois ce que ce travail pourrait me rapporter. Quand j'ai prêté la cape à ma copine, mon père a saisi une occasion de justifier sa pingrerie. À la maison, il me reproche souvent ce que je lui coûte. Il répète sans plaisanter : « Avec tout ce que j'ai dépensé pour toi, j'aurais pu m'acheter une Porsche. » Ce travail de mannequin – ce contrat en particulier – me permettrait d'avoir beaucoup plus d'indépendance que je n'en ai en multipliant les petits boulots.

Jusqu'où suis-je prête à aller pour gagner de l'argent ? Pas loin. Quand Monsieur le Directeur de Casting serre mon visage entre ses mains et m'embrasse, je le repousse vivement. Et lui me présente ses excuses aussitôt. Il dit : « Je ne sais pas ce qui m'a pris. C'est ridicule, je suis marié, j'ai des enfants, pardon Nathalie... Mais qu'est-ce que j'ai fait ? Une folie, un coup de folie, comme je m'en veux, si vous saviez. Quelle honte. Si mes enfants me voyaient, ils ont votre âge, quelle honte, je suis désolée. Où habitez-vous ? À Issy-les-Moulineaux ? C'est sur mon chemin, je vais vous raccompagner. »

Il a fait marche arrière aussi vite qu'il s'était jeté sur moi. C'est la première fois qu'un homme qui pourrait être mon père essaie de m'embrasser. Je n'en reviens pas. Je ne pensais pas que cela puisse se produire. Que je puisse inspirer ce genre de désir à un homme qui a trois fois mon âge. Alors je crois ce qu'il me dit, qu'il regrette, qu'il a perdu la tête un instant. J'ai boutonné mon chemisier sur Bob et Bill, mes toutes petites fesses flottent à nouveau dans mon sarouel, et je suis toujours aussi polie : « Je vais prendre le métro, monsieur, ne vous dérangez pas. » Mais il insiste. « Ma voiture est garée juste en bas dans la rue, je vous raccompagne, enfin ! Vous verrez, vous serez plus vite rentrée chez vous ! » Je n'entends pas un argument mais un ordre. Alors oui, je le suis jusqu'à sa voiture.

5

Les branches des arbres sont lourdes de leur feuillage tout neuf en cette fin d'après-midi, elles offrent une ombre bienvenue aux écoliers qui ploient sous des cartables trop chargés. Les mamans ont ressorti leurs robes légères pour la première fois de la saison, à la porte des écoles, elles se penchent avec lassitude sur les enfants excités par la liberté retrouvée, tendent une gourde, une pomme, un goûter. Des lycéennes parlent fort devant une boulangerie. Elles ressemblent à Nathalie mais en moins grandes, moins élancées ; elles feignent l'assurance, secouent leurs cheveux, produisent mille efforts pour devenir belles, révélant dans cet exercice une charmante maladresse.

Il fait chaud pour une mi-avril. Ce matin, en se préparant pour se rendre au bureau, il n'avait pas anticipé cette brusque hausse des températures et il a choisi une chemise trop épaisse. Alors qu'il pose son veston à plat sur la minuscule banquette arrière du coupé rouge, il sent l'humidité sous ses aisselles, une odeur âcre de fin de journée. Il en plaisante à voix haute : « Les lois de la nature, n'est-ce pas ? » La jeune fille acquiesce avec discrétion. Il a insisté pour la raccompagner. Elle n'a pas osé dire non. Lorsqu'il lui a ouvert la portière de la voiture, cette grande tige a dû se plier bas pour se glisser dans l'habitacle. Il enclenche la première vitesse, savoure la musique douce du moteur qui vrombit. L'automobile s'insère dans le trafic avec souplesse. Nathalie ne parle pas.

Lui pense. Elle ne sait vraiment pas marcher. Bien sûr, ça s'apprend, mais veut-elle apprendre, vraiment ? Voici qu'il doute de sa motivation. La godiche n'a pas jeté un seul coup d'œil à la voiture, elle se dandine sur son siège comme s'il manquait de confort. Quand on a pris l'habitude de la R14... Elle a baissé sa vitre et concentre son attention sur l'extérieur, mais que s'y passe-t-il donc de si intéressant ? Il est là, lui, tout-puissant, prêt à faire d'elle une reine. Pourvu qu'elle le mérite. Il faut donc lui expliquer comment ça marche ?

Il tente de relancer la conversation, en vain. Depuis la tentative maladroite du baiser, elle est froide comme une porte de prison. Elle ne fait aucun effort pour lui montrer que l'incident est oublié. Alors, elle ne tient donc pas vraiment à ce travail ? Elle le déçoit. Il la revoit tanguer dans ses escarpins, de la porte du bureau à la fenêtre, comme soûle, aucune classe, quel triste spectacle. Ses seins, heureusement, ses seins sauvaient la scène. « Elle n'a pas quinze ans, pense-t-il, impossible, à quinze ans on n'a pas des seins pareils. » Elle avait accepté d'enfiler la robe sans broncher, quoi qu'elle en dise, elle ne paraissait pas tellement embarrassée, elle devait avoir l'habitude de les montrer, les deux gentils camarades, et lui ne devait pas être le premier à vouloir devenir leur ami. La garce, pourquoi l'a-t-elle repoussé ? Elle n'a donc pas compris comment ça marche ? Elle ne veut pas s'élever dans la vie ? Elle n'est pas capable d'apprécier les belles choses ? Quelque chose d'obscur monte en lui, mélange de mépris, de colère et de désir.

Porte Maillot, il décélère d'un coup, rétrograde en seconde, puis en première, et s'engage dans un parking souterrain. La jeune fille le regarde avec étonnement, sans oser demander une explication. Pétrifiée, elle n'ose rien. Il descend directement au deuxième sous-sol, se gare, coupe le moteur. Point mort. De sa main droite, il saisit la chevelure de sa passagère, l'attire brusquement vers son entrejambe. Monsieur le Directeur de Casting est un peu sorcier, et aussi prestidigitateur. Dans un mouvement imperceptible, il a fait jaillir de sa braguette un levier de vitesse turgescent. C'est comme ça que ça marche.

6

Tout s'est passé très vite. Sa main sur ma nuque, mes cheveux dans son poing, son geste brutal quand il m'a tirée vers lui, quand il a fait plonger ma tête par-dessus le frein à main. J'ai vu passer le levier de vitesse gainé de cuir beige, je me suis retrouvée avec son sexe dans ma bouche. Une infime fraction de seconde m'a suffi pour établir un parallèle entre le cuir et la chair, matériaux différents, formes identiques. Je me suis dit : « C'est surréaliste. » L'année précédente, en cours, on avait abordé l'œuvre du peintre belge René Magritte. L'un de ses tableaux avait provoqué des ricanements dans la classe. Après la théorie, voici venue l'heure de la pratique. Ceci est une bite. Ceci est bien une pipe. Jusque-là, je n'avais qu'une vague idée du concept. Quinze ans. Vierge. J'ai coupé le courant dans ma tête. Je ne suis pas sûre de me souvenir de tout.

Monsieur le Directeur de Casting m'a tendu un grand mouchoir de coton à carreaux pour que j'essuie ma bouche vite fait, et l'a remis dans sa poche. Puis il m'a collé un billet de cent francs dans la main et m'a poussée hors de la voiture qui a redémarré aussitôt et s'est évanouie dans un colimaçon de béton. J'ai regardé le billet de cent francs, j'ai reconnecté mon cerveau et je me suis fait cette réflexion : « C'est donc cela, être une prostituée. » Alors j'ai éprouvé de la peine pour ces femmes. Je suis sortie du parking à mon tour, lentement, hagarde, perdue, et j'ai marché longtemps. Une pensée tournait en boucle dans ma tête : « Il est père de famille. Pourquoi il a fait ça ? » J'ai parcouru plusieurs kilomètres à pied en ressassant cette idée qu'il avait lui-même formulée plus tôt dans son bureau, après qu'il avait essayé de m'embrasser : « Si ses enfants savaient... »

Pas un instant il ne m'est venu à l'esprit que j'avais été victime d'un viol. Pas une seconde je n'ai envisagé de raconter cet épisode à mes parents, encore moins à la police. Quarante ans avant le mouvement #MeToo, je n'aurais jamais osé. Je me sentais responsable. Trop naïve. Tellement stupide. Une autre que moi ne serait pas montée dans la voiture. Il avait insisté, et j'étais bien élevée. En quelque sorte, tout ça, c'était de ma faute. Ça me servirait de leçon.

Aujourd'hui, je sais ceci : il m'a fait ça, à moi, et il l'a sûrement fait à d'autres filles qui, si elles lisent ce livre, se reconnaîtront à défaut de le reconnaître lui, pas si petit ni grassouillet qu'il est décrit ici. Il est mort depuis plusieurs années. À quoi le balancer servirait-il ?

Le photographe qui avait assuré la séance d'essais m'avait donné sa carte. Je lui ai téléphoné dès le lendemain pour lui demander d'éliminer tous les clichés. Puis j'ai annoncé à l'agence que j'arrêtais tout, qu'il fallait m'oublier, que ce n'était plus la peine de m'appeler. Personne ne m'a demandé pourquoi.

III

La vie de Palace

1

Elle danse. Au Palace, la vie ne ressemble à rien qu'elle voie, entende ou goûte dans sa famille ou au lycée. À rien ni à personne. Elle s'est mise au diapason de la fantaisie du lieu, gagnant ainsi le droit de s'y oublier, d'être admise parmi ses habitués, de s'amuser auprès d'eux. Elle ne les connaît pas à la lumière du jour, sans fards et sans costumes. Mais le soir, après les cours, elle se farde elle aussi, elle s'habille, elle sort les retrouver. Elle se présente à la porte du Palace qui ne s'ouvre pas pour tous mais qui s'ouvre pour elle. Et là, parmi des centaines d'autres, elle danse.

Ici va et vient, échappé de la fadeur du jour, tout ce que Paris compte de branchés : artistes, écrivains, politiques, designers, créateurs de mode, top models, journalistes, animateurs de télévision, en somme ces nantis de bourgeois qui n'ont pas à se lever tôt, mais aussi ces garçons qu'on appelle garçons-coiffeurs, qui ne s'occupent pas tous de la tête des gens, mais qui ne travailleraient pas à la dure dans la construction en tout cas, et puis des vendeuses, des fonctionnaires, des chefs d'entreprise, des étudiants, des marginaux… Le cadre de leur vie quotidienne les étouffe, ils se contorsionnent pour y tenir, quelques heures par jour au moins, ils nient leur créativité, obéissent aux ordres et sauvent les apparences, mais tous se sentent davantage eux-mêmes dans le cercle de la nuit. Ils se savent de cette société-là, ressemblant si peu à leurs parents, à leurs collègues, et même à leurs amis du jour. Comme elle, qui danse.

Le Palace est à la fois un monde d'hommes qui aiment les hommes et de femmes qui aiment les hommes, mais aussi un monde de femmes qui aiment les hommes qui aiment les hommes. Et de femmes qui aiment les femmes, obligées de se cacher plus encore que quiconque tant la société les maltraite. C'est un monde pour tout le monde, ainsi que le fondateur du lieu, Fabrice Emaer, l'a voulu. Déjà propriétaire du Sept, une boîte à succès de la rue Sainte-Anne, cet homme d'affaires est génial et fou. Il fait danser Paris, sans distinction, veut-il, de classe sociale ni de préférence sexuelle, et chacun reste libre de rejoindre qui le convoite dans les alcôves, dans les toilettes. Et c'est un fait que dès le soir de l'ouverture, au printemps 1978, ils étaient des centaines rue du Faubourg-Montmartre, venus comme il était noté sur l'invitation « en smoking, en robe longue ou comme il vous plaira ». La légende s'écrit dès ce soir-là. Les serveurs évoluent dans une combinaison rouge vif ceinte d'une sorte de serpent grassouillet, avec sur chaque épaule comme une main géante, des doigts boudinés – à moins qu'il s'agisse d'un régime de bananes –, le tout lamé or. Bien des garçons se battraient pour faire partie des quelques privilégiés ainsi vêtus par Thierry Mugler, portant les coupes et emportant les pourboires, des billets de cent, de cinq cents francs que des mains insidieuses glissent jusqu'au fond de leurs poches, à l'aine, aussi loin que le tissu l'autorise. Une créature nommée Grace Jones, débarquée de sa Jamaïque natale pour faire carrière comme mannequin à Paris, monte sur la scène et se prend pour Piaf. Elle voit la vie en rose, oui, mais en rose disco, elle le chante, et qui sait ce qu'il est advenu des vêtements qu'elle portait en arrivant ? Dans la cohue des passions qu'elle déchaîne, la voici presque nue. Yves Saint Laurent et son mannequin Loulou de La Falaise sauvent ce qu'elle peut encore s'autoriser de pudeur en nouant une cravate autour de sa menue poitrine. Le disc-jockey bientôt cultissime, Guy Cuevas, engrange des images puisque les lasers n'ont pas encore brûlé sa rétine. À travers l'épais nuage de fumée des cigarettes, il perçoit les corps en mouvement : le Palace est un théâtre sans fauteuils. Un théâtre où l'on ne s'assoit pas. Ici, on danse.

C'est cinquante francs l'entrée, mais pas pour tout le monde. À la porte, des créatures scannent la physionomie des candidats. Elles disent : « Tu entres. » Mais aussi parfois : « Non, toi, tu n'entres pas. » C'est sans appel ni justification. Parmi elles, Jenny Bel'Air, Alain pour l'état civil, fils de bagnard et métisse. Orphelin, garçon des rues, puis travesti et toujours à la rue, Jenny ne sait pas où elle dormira aux premières lueurs du jour, mais elle a le pouvoir. La rage de vivre. La rage d'être celle qu'elle décide dans une société qui ne veut pas d'elle ni de ceux et celles qui lui ressemblent. Fabrice Emaer l'a simplement nourrie quand elle avait faim. Il lui fait maintenant confiance, comme à Edwige, chanteuse punk, figure de la nuit parisienne, et new-yorkaise aussi : à l'entrée du Palace, elles font le tri. À l'intérieur, vaille que vivre. Alcool, cocaïne, héroïne : pour quelques petites années encore, l'insouciance est totale. À la veille de l'élection présidentielle de 1981, Emaer s'égosille sur la scène en appelant les fêtards à voter pour Mitterrand. Autant dire pour la liberté. Car les homos sont toujours fichés. Car la police descend encore, parfois. Car on casse encore du pédé dans les ruelles même pas obscures. Car il souffre de voir que son théâtre, mille cinq cents convives autorisés, souvent trois mille et plus en réalité, reste un abri provisoire : au matin, chacun reprend son masque de respectabilité, et certains n'en semblent même pas contrariés.

D'ailleurs, il faut croire que tous ne sont pas si malheureux dans la France pétrifiée de Giscard : voter Mitterrand, beaucoup ne l'envisagent pas. Ils avaient pris leur carte au Privilège, la partie privée du Palace, réservée aux plus fortunés. Ils la rendent illico, se retirent et ne reviendront pas. La fête n'est que plus folle avec ceux qui restent. Alors, ils dansent.

2

On m'appelait Gilda. Je ne sais plus comment ce surnom m'est tombé dessus, qui a eu l'idée en premier, en me voyant, de m'appeler comme Rita Hayworth dans le film de Charles Vidor. Le monde de la fête avait des références que je n'avais pas encore, mais je voulais bien apprendre… J'étais grande et fine comme l'actrice, j'avais surtout la même chevelure épaisse, longue et bouclée, je portais des robes fourreau et des talons hauts, eh oui, comme la belle Américaine, je jouais de mes atouts. J'étais au lycée, je mentais à mes parents, et j'allais danser.

Le mercredi, le week-end, après les cours, je traînais avec des jeunes pas forcément recommandables, mais pas bien méchants non plus. Mon copain Régis faisait partie de « la bande des Teddy » du 14e arrondissement. Le Teddy, c'était un blouson venu des États-Unis, celui des sportifs des campus, et c'était un vêtement à la mode à Paris au début des années 1980. Il marquait l'appartenance de ceux qui le portaient à un groupe. D'ailleurs, le vêtement a toujours servi à ça : montrer à quelle tribu on obéit. Se reconnaître et être reconnu. Les Teddy du 14e fumaient un peu d'herbe, ils ne fichaient pas grand-chose, n'avaient pas la moindre ambition, et ils étaient les ennemis jurés des skinheads. Il y avait quelques bagarres, parfois, mais ça n'allait pas bien loin. Régis était fils de concierges venus de Valenciennes, des gens que j'adorais, qui parlaient ch'ti, qui voulaient toujours que je mange, qui m'accueillaient si gentiment. Pour mes parents, mon ami s'était inventé d'autres origines sociales. Il racontait qu'il était inscrit en fac de médecine, il savait paraître ce qu'il n'était pas, c'est-à-dire un garçon bien sous tous rapports... Alors il venait me chercher à la maison et m'emmenait en disant : « Promis, juré, je veille sur elle, il ne lui arrivera rien. » Et de fait, en sa compagnie, il ne m'est jamais rien arrivé de méchant.

Le mercredi, je prenais aussi des cours de théâtre au conservatoire du quartier. Là, j'ai rencontré Olivier. Il avait deux ans de plus que moi mais paraissait très adulte. Il voulait devenir styliste, et il était très fort pour se faire passer pour un convenable bourgeois. Un soir, il est venu chez moi et, comme Régis avant lui, il a proposé : « Confiez-moi votre fille, monsieur, je l'emmène danser chez des amis, et comptez sur moi pour la raccompagner. » Nous sommes d'abord passés chez lui. Il m'a fait enfiler un collant synthétique sans pieds, couleur bleu électrique, une espèce de robe à sequins, des escarpins vertigineux. Il m'a maquillée comme une voiture volée, m'a crêpé les cheveux et couverte de bijoux. Ce soir-là, et d'autres, j'étais une poupée entre ses mains expertes dans l'art du travestissement. Puis, quand il avait parachevé son œuvre, nous allions rue Sainte-Anne, au Sept, ou bien au Palace. À mon cours de théâtre, j'étais tétanisée par le trac, incapable de restituer un texte, d'enregistrer les déplacements que demandait le metteur en scène, je paniquais totalement. Quand je sortais avec Olivier, j'improvisais mais je n'avais peur de rien. Je retrouvais l'ambiance des plages de la Méditerranée, lorsque j'étais gamine, avec mes parents et tous ces drôles de gens déguisés, travestis, transfigurés. Libres. Et je me sentais à ma place parmi eux.

Au Palace, Jenny Bel'Air et Edwige me laissaient passer. Je ne payais jamais l'entrée. Mais pour financer ma vie et mes sorties, puisqu'il me fallait bien un peu d'argent une fois dehors, je prenais tous les petits boulots qu'on me proposait. Je me suis retrouvée à tenir un stand dans un supermarché, juste en face du comptoir du boucher-charcutier. Moi, je devais vendre du parfum. J'invitais les gens à venir renifler mes échantillons dans les effluves de tripes et d'andouillette. J'avais la tchatche, ça me plaisait, je discutais avec les vieux qui étaient venus remplir leur Caddie, ils m'intéressaient pour ce qu'ils étaient, pour ce qu'ils me racontaient, pour leur authenticité. Et tant pis s'ils ne m'achetaient rien. J'ai aussi été vendeuse de fringues que je n'aurais jamais portées moi-même. Cette fois, je ne savais pas vraiment mentir et convaincre les clientes que c'était beau, que ça leur irait bien. J'étais à peine capable de trouver la bonne taille dans la réserve. Mais je présentais bien, j'imagine que c'est la raison pour laquelle les patrons des magasins m'embauchaient. D'ailleurs, j'ai aussi été hôtesse d'accueil au Salon de l'automobile. Je faisais équipe avec une blonde – une brune, une blonde, à peu près la seule diversité que s'autorisaient les grandes marques ces années-là ! Nous étions toutes les deux habillées en robe haute couture, noir corbeau, près du corps, ourlet au genou, très classe. J'étais postée à l'entrée du stand Porsche. On m'avait dit que je devais sélectionner les hommes susceptibles de faire partie de la clientèle – forcément des hommes –, refouler les autres. Mais je n'avais pas les codes. Je laissais passer les types barbus avec la chemise ouverte sur un torse poilu, je repoussais les messieurs bien proprets dans leur costume de laine marine. Un de ceux-là s'est présenté, entouré de deux autres aussi sinistres que lui, tirés à quatre épingles et cravatés. Je lui ai barré la route. Il a insisté. J'ai insisté autant que lui. « Allez voir les Peugeot, là-bas. C'est bien une Peugeot, vous pourrez même vous asseoir dedans. » Mes parents n'achetaient jamais *Point de vue, Images du monde* ni *Paris Match*. Je n'avais pas reconnu le prince Albert. Je me suis fait virer une heure plus tard, très contrariée de devoir rendre la robe couture.

Vexé que j'aie refusé de suivre la voie qu'il m'avait indiquée, mon père ne m'adressait plus vraiment la parole, ou juste pour me signifier que je le décevais. Nous n'avions plus grand-chose à nous dire. Mes parents avaient quitté le logement de fonction assigné par l'armée et emménagé dans un petit pavillon qu'ils avaient acheté à Issy-les-Moulineaux. J'y passais le moins de temps possible mais ils gardaient vaguement un œil sur moi, quand même. Je rusais donc en permanence pour sortir, comme rusent tous les ados, et même si ce qu'ils vivent en dehors de chez eux n'est pas forcément plus joyeux, au moins, c'est quelque chose de différent. Quand ni Régis ni Olivier n'étaient là pour me chaperonner, j'expliquais que j'allais dormir chez ma copine Erica et que nous irions au lycée directement le lendemain matin. C'était facile de mentir à mes parents, ils ne vérifiaient aucun de mes alibis et ne voyaient jamais mon air défait, au matin. Ils ne savaient pas que les parents d'Erica avaient divorcé : le père était parti de son côté et la mère avait emménagé chez son nouveau mec, laissant sa fille toute seule dans le trois-pièces.

J'avais besoin de grandes choses, je ne savais pas exactement quoi. Je voulais voir, côtoyer des gens hors du commun. M'amuser et me faire peur à la fois. Je voulais me dépêcher de faire la fête avant qu'il soit trop tard. Je voulais vivre.

Peu après notre arrivée à Paris, déjà, j'avais décidé de manger normalement. « Décidé » n'est peut-être pas le mot. En fait, je m'étais mise à manger normalement. Nous étions à table, ma mère tenait un morceau de pain dans une main, je le lui avais arraché et je l'avais croqué. Elle s'en était offusquée sur-le-champ : « Mais alors ? Elle me prend le pain de la bouche, celle-ci ! » Elle aurait dû se réjouir : pour la première fois depuis des années, peut-être depuis que j'étais venue au monde, je mangeais. Sauf qu'elle ne s'était jamais aperçue du contraire. Aujourd'hui je me demande ce qui lui avait manqué, à elle, pour qu'elle ait ce réflexe de possession presque animal. Moi, je le lui avais pris sans réfléchir. J'étais dans la revendication. Peut-être que mon geste défiait mes parents : « Allez, essayez donc de m'empêcher de grandir, si vous l'osez. » Grandir, et un jour les quitter. Ils ne me l'avaient sans doute jamais interdit...

Je les quittais peu à peu. J'entrais au Sept, au Palace, j'entrais dans la nuit. Mon père me disait maintenant : « Tu es une rose posée à côté d'un vase. » J'étais donc condamnée à faner dans l'heure. Ma mère me complimentait : « Tu es belle. » Elle ne voyait pas que j'étais trop maigre : même si je mangeais désormais, je sortais trop, je faisais n'importe quoi et je n'avais que la peau sur les os. Ma mère ne voyait pas que j'étais en mauvaise santé. J'allais danser.

3

Elle paraît plus que son âge. Sur la piste, les jambes et les mains gainées de résille, elle ondule avec souplesse au rythme des tubes disco qui s'enchaînent. Elle écarte les bras, rejette la tête en arrière, elle tournoie : ses quarante-cinq kilos occupent une place étonnante. C'est une enfant, encore, mais elle a tout d'une femme, alors certains se méprennent et la frôlent, ils se tiennent près, tout près. Elle a chaud, s'éloigne un instant, reprend son souffle, descend aux toilettes. Sur le meuble lavabo, une femme à la peau blanche a préparé une ligne de cocaïne. Elle se bouche une narine, inspire la poudre par l'autre, se relève brutalement en tenant sa tignasse blonde et aboie une question : « T'as déjà couché avec un Noir, toi ? » Et sans attendre la réponse : « Il faut pas. Il faut pas commencer. Parce que après, t'es foutue pour toujours. Tu peux plus t'en passer. »

Elle plonge à nouveau le nez dans ce qu'il reste de poudre. Derrière Gilda, une porte close battue par des coups qui se précipitent, un couple râle à l'unisson. Gilda remonte. Dans l'escalier, une créature l'approche, qui la convoite, qu'elle traite en camarade, qui s'écarte. Avec tous et toutes, Gilda est une fille sympa. Elle ne juge pas, elle accueille. Tiens, Claude est là, c'est un habitué lui aussi, un rigolo gentil. Dans la poche arrière de son jean, il garde en permanence un jeu de tarots et une photo de ses deux petites filles. Il s'est découvert homo sur le tard, mais il ne regrette pas. Maintenant qu'il verse dans la brocante et la cartomancie, qu'est-ce qu'il s'éclate ! Il prédit à Gilda fortune et succès, mais aussi sur son chemin des hommes dont il faudra se méfier. Elle rit. « Se méfier des hommes, Claude, sans blague ? » Des filets lumineux tombent du plafond, percutent des perruques, piquent des mollets, saccadent les mouvements, hachent les distances. Gilda retourne danser. S'il y avait plus de lumière, les visages paraîtraient caverneux. Si la musique ne jouait pas si fort, les mots sortiraient emmêlés de bouches pâteuses. Pour l'heure, les lèvres des uns se collent aux lèvres des autres, des corps se rejoignent, des invitations passent de peau à peau, et certains s'éclipsent, pour quelques minutes ou pour le reste de la nuit.

L'autre soir, avant de venir, elle a accompagné un ami dans un appartement du côté de Châtelet. Immeuble haussmannien, cinquième étage, super vue. La fête battait déjà son plein, un jeune type était décidé à enjamber le garde-corps du balcon, sûr de pouvoir voler, il riait fort. Modérant son euphorie, un autre l'avait attrapé par le cou, « allez viens, fais pas le con, on va nager plutôt ». Tous deux s'étaient glissés dans la baignoire, ils avaient ouvert le robinet, inondé le carrelage et jusqu'au parquet du couloir. Un troisième les avait rejoints. Des femmes circulaient en guêpière, deux autres qui ne faisaient que passer testaient le succès de leur tenue avant de se rendre au Palace ou aux Bains, oui, pourquoi pas aux Bains pour une fois, elles n'avaient pas encore décidé. L'une avait dégoté sa robe dans une friperie. Le plus pur style années 1940, de belle facture en plus, sans oublier les bas couture. L'autre avait enfilé une combinaison de mécanicien qu'elle avait arrangée à son goût : elle avait déchiré les poches sur la poitrine et cousu à la place un rectangle de dentelle. Le tissu, déjà, irritait ses tétons. Si elle ne le supportait pas toute la nuit, elle pourrait toujours baisser le haut et nouer les manches autour de sa taille. Elle était fière de ses seins, légers et menus. Gilda, pourtant fine elle aussi, mais encombrée de Bill Tatoum et de Bob Turlip, ne se dévêt jamais sur la piste.

Elle regarde les autres beautés, mâles et femelles, sans les envier. Elle admire l'inventivité des tenues : un fuseau de fourrure et sur la tête, un masque d'animal, une robe de princesse qui aurait survécu de justesse à un prince sanguinaire, un tutu couvert de paillettes surmonté d'un marcel d'ouvrier-paysan, des escarpins à bouts pointus, des robes fendues haut, si haut sur la cuisse. Pour d'autres, ce sont des robes de soirée sorties des grandes maisons de couture, et pour les hommes des costumes, tout simplement, des costumes chics, bien coupés, parfaitement ajustés à des corps affûtés par l'exercice répété du *dance floor* et qui trouvent par ailleurs bien autre chose à faire que se nourrir. Emaer l'assure : c'est la France, toute la France, qui vient danser au Palace. Ce n'est que Paris, et encore. C'est le Paris du génialissime Lagerfeld, capable de recréer Venise rue du Faubourg-Montmartre : le temps d'un carnaval nocturne, les invités ont porté *tabarro*, masque blanc et tricorne, certains sont même arrivés en gondole. Appareil photo en main, l'artiste new-yorkais Andy Warhol était là pour immortaliser la fête. C'est le Paris des artistes que n'obsède pas encore la maîtrise de leur image, puisque Internet n'existe pas, puisque les réseaux sociaux n'ont rien de virtuel. Se montrer ces soirs-là n'implique que des risques limités : il y aura quelques photographes, sans doute, mais ils ne seront pas admis au-delà d'une certaine heure. Ils ne seront témoins que d'arrivées façon tapis rouge, de démarches assurées et de maquillages encore frais. Ils verront des dandys, pas des soûlards. Et quand bien même ils resteraient tard, avec encore quelques poses disponibles sur la pellicule argentique, ils ne déclencheraient pas. Le monde de la nuit sait se montrer solidaire dans la protection de ses excès. Tant que les témoins demeurent silencieux, il ne saurait y avoir de limites infranchissables.

4

Ces années-là, j'ai souvent rêvé de mon père. Il s'enfonçait dans le sol, qui était comme des espèces de sables mouvants boueux, et moi je m'accrochais à son chevalet pour ne pas être avalée avec lui. Je vois bien des interprétations faciles pour ce rêve, dont celle-ci : sa vie lui échappait, il se voyait disparaître, mais il m'avait légué une sorte de mantra qui me sauverait. « La seule chose qui compte, dans la vie, c'est l'art. » Mais qu'entendait-il par ce mot, « art » ? Je n'étais pas une artiste. J'en rencontrais beaucoup, surtout si l'on inclut parmi les artistes tous ceux qui touchent à la création, de près ou de loin, la photo, la mode, le design, etc., mais je n'étais rien de tout ça. J'étais une spectatrice, une accompagnatrice, et cette place me convenait. J'avais trop peur d'être seule : si je prenais la lumière, je serais jalousée, utilisée aussi sûrement – aujourd'hui j'ajouterais même abusée –, alors autant rester à l'abri, deux ou trois pas derrière... Autre interprétation de mon rêve : je prenais ma revanche sur mon père. Il m'avait annoncé que je fanerais comme une fleur coupée, je le laissais donc couler tandis que je ne sombrais pas, moi, parce que j'avais la volonté de peindre ma propre toile, celle de ma vie.

Je tombais facilement amoureuse, mais papillonner ne m'intéressait pas. La nuit, j'échappais à la réalité de la vie familiale et du lycée, et je me nourrissais aussi de l'imagination que déployaient les autres fêtards. Beaucoup irradiaient de fantaisie et de créativité. À leur contact, je me sentais plus légère. Cette légèreté que je leur avais soustraite la nuit m'aidait le jour. Je faisais mes choix à l'instinct, sans forcément beaucoup réfléchir, je restais naïve, je ne me méfiais toujours pas assez des autres, je leur accordais vite ma confiance, mais au moins chaque matin, quand je me levais, j'avais le vague espoir que la journée m'apporte ce que la veille ne m'avait pas donné. Je ne sombrais pas tout à fait dans les sables mouvants qui engloutissaient mon père. Je gardais un semblant de contrôle. Ma copine Sophie m'y aidait. Physiquement, elle était mon exact contraire : plutôt petite, des taches de rousseur, un peu punkette. Hyper maligne. Elle fumait beaucoup d'herbe. Un jour, elle a été arrêtée avec un peu de matériel sur elle, emmenée au poste et interrogée. Les policiers voulaient savoir qui lui avait vendu la drogue. Comme elle savait qu'il leur était plutôt permis d'être racistes, à l'époque, elle avait juste répondu : « C'est un Noir, on était dans le noir, voilà tout... » Et puis elle s'était mise à pleurnicher : « Vous avez vu comme je suis moche ? Mon copain m'a larguée, j'en trouverai jamais un autre ! En plus j'ai raté mes examens, qu'est-ce que je vais faire de ma vie, maintenant ? » Quand le policier l'a laissée repartir, elle a encore trouvé le moyen de récupérer son matériel... Aussi délurée que moi, Sophie était ma plus grande complice dans mes bêtises, mais elle était toujours la première de sa classe, elle...

J'ai eu mon bac, de façon médiocre forcément, au rattrapage. Je me suis inscrite en fac, à Assas, où je ne m'épanouissais pas beaucoup non plus : j'avais confondu l'économie et la sociologie, qui m'aurait intéressée davantage, je n'avais pas choisi la bonne voie, rien ne me motivait vraiment et je suppose que les enseignants le voyaient. Mais je sauvais les apparences vis-à-vis de mes parents, et comme j'avais beaucoup lu, je n'avais pas l'impression d'avoir un cerveau tout mou, j'étais capable de tenir une conversation. Peu le savaient en dehors de quelques copines. J'avais lu Rousseau. Alors qu'un jour un prof cherchait des volontaires pour préparer et présenter un exposé sur le *Contrat social,* j'ai levé la main. Le prof m'a retoquée : « Ah non, pas vous, c'est un sujet intéressant ! » Certaines, certains, s'en seraient sentis humiliés. Pas moi. Je considérais chaque événement avec recul, comme si c'était à une autre que ça arrivait, comme si je n'étais pas concernée ni touchée. Je ne regardais pas derrière moi, et pas loin devant non plus.

Je mettais un pas devant l'autre, à mon rythme. Ma vie n'était pas une ligne droite, je tombais souvent sur des embranchements et c'était toujours par hasard que j'optais pour un chemin plutôt que pour l'autre. J'engrangeais des expériences. Je constatais qu'une mésaventure pouvait en entraîner une autre, mais aussi créer les conditions de rencontres susceptibles de déboucher sur des aventures de toute sorte. Un soir, je devrais dire une nuit puisque le métro ne roulait déjà plus, je m'étais disputée avec mon copain du moment. Il m'avait laissée en plan sur les Champs-Élysées, en tenue de soirée, talons hauts et sans argent. Je n'avais pas d'autre choix, pour aller me mettre à l'abri chez mes parents, à Issy-les-Moulineaux, que de marcher. J'étais une espèce de Cendrillon dont les pieds ont gonflé, si bien qu'ils ne rentrent plus dans les pantoufles de vair, et dont le carrosse ne s'est même pas transformé en citrouille mais carrément évaporé. Je pleurais, j'avais les joues sales du maquillage qui avait coulé, la caricature de la princesse à sauver. Une Rolls Royce – sur le moment, j'ai juste vu une grosse voiture – a ralenti à côté de moi. « Mademoiselle, vous avez l'air dans l'embarras, est-ce que je peux vous aider ? » C'était un prince du genre de ceux que je croisais au Palace et dans d'autres boîtes de nuit. Pas un de ceux qui portaient des pantalons de Lurex moulant, mais plutôt des costumes hors de prix. Ceux qui regardaient les garçons danser. Ceux qui ne se dévoilaient pas trop vite. Ceux qui cherchaient de l'oxygène dans la nuit, des sensations, des rencontres, mais qui avaient des manières. Je ne me suis pas sentie menacée, je suis montée.

Avant de me déposer devant le pavillon de mes parents, il m'a proposé de lui exposer la raison de mes larmes, et pour les sécher, de prolonger un peu la soirée avec lui. Nous sommes allés boire un verre dans une boîte, le Keur Samba. À quelques exceptions près, il n'y avait sur la piste que des personnes à la peau noire. Dans les enceintes de la musique africaine. Une ambiance formidable. C'était une période où les gens ne se mélangeaient pas beaucoup, où il était encore plus difficile qu'aujourd'hui d'être noir en France... Quelques jours plus tard, il m'a invitée à dîner dans un grand restaurant. Je pense qu'on pouvait facilement nous prendre pour un père et sa fille. Ou un vieux et sa poule. Nous nous sommes revus plusieurs fois, toujours chastement. Il ne me demandait rien et ne semblait rien souhaiter de ma part, sinon de satisfaire sa curiosité. Tout l'intéressait. Il me faisait raconter les concerts de rock auxquels j'avais assisté, mes parents, les vacances de mon enfance sur la plage de Pampelonne ; il découvrait tout comme un gamin. Je ne m'ennuyais pas non plus avec lui : il connaissait François Mitterrand et de grands auteurs, il ne me parlait pas tant d'eux que des idées qu'ils défendaient, j'étais nourrie intellectuellement et physiquement par les bons plats qu'il me faisait servir. Grâce à lui, j'ai même pu travailler comme assistante à tout faire à la rédaction d'une nouvelle revue qui traitait aussi bien de littérature que de politique mais avec originalité, poésie même. Je n'y suis pas restée parce que je n'avais pas les qualifications nécessaires et que les journalistes, à juste titre, me faisaient clairement comprendre que je n'étais pas à ma place, mais l'expérience fut aussi riche que réjouissante.

Mon vieil ami n'a pas semblé spécialement déçu que je ne m'accroche pas. Cet homme était d'une compagnie délicieuse, ne m'embrassait que du bout des lèvres et sur la joue, il m'écoutait patiemment pleurnicher à cause du dernier amoureux qui m'avait plaquée. Il m'a prêté la Rolls, je l'ai conduite et esquintée, mais comme je me suis débrouillée pour faire faire la réparation et la payer moi-même, il a apprécié. Il ne voyait pas en moi une profiteuse, il m'accordait sa confiance. Après un an de rendez-vous plus ou moins espacés, et toujours très agréables et divertissants, il a fini par me demander de l'épouser. « C'est pour la famille. Pour les affaires aussi. Nathalie, tu l'as compris, je n'aime pas les femmes. Mon truc à moi, c'est les travestis. » Il me proposait un contrat social. À moi de l'aider à sauver les apparences, moyennant quoi j'aurais un bel appartement, la voiture avec chauffeur, tous les amoureux que je voulais, et son épaule toujours disponible pour pleurer. J'étais désolée pour lui qu'il n'assume pas ses penchants sexuels. Je ne voyais pas le problème. Lui n'y voyait qu'un problème et ne savait pas s'en extraire. En l'accompagnant dans une boîte de travestis, une nuit, j'ai compris qu'il ne savait pas créer de relation avec quelqu'un sans le payer et cela me mettait mal à l'aise. Au fond, il manipulait les gens sans se soucier vraiment de ce qu'ils ressentaient. J'ai coupé les ponts. Il est resté seul jusqu'à la fin de sa vie.

Ces années-là, on se contentait de peu. Il y avait à peine plus de 5 % de chômage, et ça ne durait pas longtemps parce que les gens allaient facilement d'un boulot à un autre. Même à Paris les loyers étaient bas, on se logeait, on s'habillait et on se nourrissait pour pas grand-chose. Je n'avais pas besoin de richesse matérielle, et j'ai pris mon indépendance petit à petit sans que mes parents trouvent des arguments pour m'en empêcher. J'ai fait ma valise. Je suis partie squatter avec mon nouveau copain dans une sous-location de sous-location rue de la Roquette, dans le 11e. Le voisin du dessus avait piraté le compteur électrique, nous avions tiré une rallonge dans l'escalier. Je sais que c'est comme ça que prennent les incendies, parfois. À part ma vie, je n'y aurais pas perdu grand-chose. Juste quelques robes que je mettais pour aller danser.

Je ne voulais pas mourir. J'allais mal. Je ne comprenais pas pourquoi. Je prenais des risques, mais pas au point de me mettre en grand danger. Paradoxalement, j'avais peur de tout. Je m'enfermais parfois pendant des jours sans sortir de chez moi. Je devenais agoraphobe. Triste. Je restais des jours sans manger, puis je mangeais trop. Je me sentais soudain euphorique et je me lançais à nouveau à corps perdu dans la vie parisienne. Mais je ne voulais pas mourir. Et je ne voulais pas devenir folle. J'ai consulté des psys, à l'hôpital, des psys gratuits, ceux que les grands bourgeois dédaignent, parce que ce sont des psys qui soignent aussi les pauvres. Cela ne me coûtait que le ticket modérateur : je n'aurais pas pu m'offrir « plus cher », mais il est certain que je n'aurais pas souhaité autre chose. J'ai eu la chance d'être reçue par un psychiatre qui a fait de la souffrance des adolescents sa spécialité : Stanislaw Tomkiewicz. Juif polonais, il avait eu le même âge que moi dans le ghetto de Varsovie, puis il avait survécu au camp de Bergen-Belsen. Je ne savais rien de tout cela à l'époque. Mais je sentais son empathie face à ma détresse que je ne parvenais pas à reconnaître, à mettre en mots, et que des attitudes décrivaient pour moi. J'ai eu peur de finir enfermée en psychiatrie. Je faisais des rêves remplis de *v*, de la lettre *v*. Je faisais du vélo avec Valérie dans la ville battue par les vents. Tomkiewicz m'a demandé : « Une histoire de viol, peut-être ? » Je ne voyais pas de quoi il parlait. C'est incroyable, quand j'y repense, mais je ne voyais pas.

Une copine partait travailler pour quelques mois à New York, elle m'a proposé de l'accompagner. Après tout, pourquoi pas ? La fac pouvait attendre, et j'avais besoin de changer d'air. J'ai laissé Gilda à Paris, mais une fois en Amérique, j'ai compris qu'elle m'avait suivie, comme une seconde peau. Je croyais pourtant savoir ce que je faisais quand je sortais au Palace, et ailleurs. Mon corps m'a prouvé que je me leurrais. Il m'a donné l'ordre de tout arrêter. De me mettre au repos et de retrouver Nathalie. Je n'avais pas le choix, de toute façon. Alors je me suis enfermée dans une chambre, et là, j'ai attendu d'avoir envie de me lever le matin. Quand j'ai réussi à m'extraire de mon lit, je suis allée voir ce que cette ville proposait de plus extravagant. J'ai croisé des hommes et des femmes de toutes sortes, les mêmes que j'avais rencontrés à Paris, les mêmes exactement. Ils sortaient la nuit, vivotaient le jour, brûlaient leur vie, évoluaient dans la marge. Mais ils créaient de la beauté, des idées, de l'amusement. Ils taguaient leur fantaisie dans les couloirs du métro, sous les ponts, sur les murs des hangars. Ils avaient l'air de n'avoir peur de rien. Et moi qui les admirais, qui aimais tant les côtoyer, j'ai fini par avoir peur de leur ressembler.

5

Un soir de juillet 1983, le présentateur du journal d'Antenne 2 alerte : « Une cinquantaine de cas ont été découverts en France. » Il parle d'une étrange maladie dont on sait peu de choses, sinon qu'elle tue particulièrement les hommes de « la communauté homosexuelle » à Los Angeles, sur la côte ouest des États-Unis. C'est faux bien sûr, mais il ne dit que ce qui lui a été rapporté. C'est un passeur d'informations, pas de rumeurs, espère-t-il. Cette étrange maladie, il s'agit en fait d'une pandémie, puisque tous les continents semblent touchés. Elle attaque sur plusieurs fronts. Le cerveau, les poumons, le cœur. Elle amaigrit ses victimes, elle marque leur peau. Elle les rend vulnérables au moindre virus qui traîne.

À Paris, à Berlin, à New York, dans toutes les grandes villes où les corps se concentrent, on n'a pas attendu les journalistes pour s'y intéresser.

Bien obligé : il y a de plus en plus de malades. Dans les boîtes de nuit où les êtres se sont mélangés si souvent dans une insouciance totale, où l'acte sexuel peut être vécu comme une façon de prolonger la danse, un simple ajout de plaisir et de sensualité dans un temps court et sans conséquence, certains habitués s'inquiètent déjà. Et s'ils avaient été infectés ? Et si la maladie logeait déjà en eux, dormante mais prête à mordre, telle une bête assoupie ? S'ils l'avaient déjà, eux-mêmes, transmise ?

Les chercheurs annoncent bientôt qu'elle passe aussi par le sang. Et comment, encore ? Des rumeurs courent, que beaucoup valident comme autant d'informations. Ces taches sur la peau rappellent des maladies d'un autre temps. Il suffirait de se toucher. Ou même d'être en contact avec une surface touchée par un malade. Et rien qu'en allant chez le dentiste, ou à la piscine… On ne dépiste pas encore la maladie, et si l'on tremble d'avoir été infecté, de quelque manière que ce soit, on ne peut rien faire qu'attendre. Être prudent, et laisser filer le temps dans la crainte du pire, qu'un symptôme donne une raison de se rendre chez un médecin et de faire poser un diagnostic. On guette la fièvre, l'apparition de ganglions, de nausées, de vomissements, de maux de tête, de maux partout, et de taches brunes qui colorent la peau…

Cinq années seulement après son ouverture, le Palace dessoûle. Fabrice Emaer est mort – on dit d'un cancer des poumons, mais sait-on vraiment, quarante-huit ans, c'est jeune, bien jeune – ; les grandes heures du luxe et du faste semblent déjà écoulées. Depuis l'arrivée de la gauche au pouvoir, le Privilège ne fait plus recette et la sélection n'est plus si sévère à l'entrée de la boîte de nuit, puisqu'il faut faire du chiffre pour compenser les pertes. Enfin, les plus fidèles habitués s'assagissent peu à peu, ils s'écartent les uns après les autres, ils se font discrets. Ils se terrent, ne sachant plus ce qu'ils peuvent s'autoriser à faire, ni qui va comment. Le téléphone, fixe, est alors le seul moyen de faire passer des nouvelles. Tiens, François vient d'apprendre que Momo, qui a été son amant, a contracté la maladie. Hier, au Père-Lachaise, on a mis Armando en terre, sans cérémonie, sans musique, sinon celle des pas sur le gravier, triste refrain que l'on sait devoir entendre encore souvent : parmi l'assistance, beaucoup semblent déjà mal portants, à commencer par Louis, son compagnon des dernières années. Et tous baissent la tête, là comme partout, parce que apprendre qu'on souffre de cette maladie-là, ce n'est pas seulement redouter de mourir vite : c'est aussi montrer en plein jour qui l'on est quand on a tellement cherché à le cacher.

Dans les villes, des hôpitaux créent des services dédiés, et des associations s'organisent timidement, sans moyens et sans aides, sentant l'urgence de soutenir les malades, de faire connaître leur maladie pour rompre leur isolement, pour qu'ils ne fassent plus ni peur ni pitié. Une si grande part de la société s'estime encore à l'abri, pas concernée par la maladie des déviants. Dans les campagnes, il n'est pas toujours facile de trouver un médecin à qui parler de ce qu'on appelle déjà ses « conduites à risque », c'est-à-dire les piqûres – d'héroïne – et les rapports – non protégés. Dans leur blouse blanche, avec leurs mains gantées, leur bouche masquée, les soignants qui ne savent pas soigner posent des questions culpabilisantes, à commencer par « combien » : combien de partenaires différents, ces derniers temps ? Comment deviner que derrière leur froideur apparente ils ne jugent pas et condamnent encore moins ce qu'ils ne connaissent pas et dont ils ne savent que faire ? La culpabilité, la plupart des homosexuels vivent avec, en permanence et depuis toujours, parce qu'il faut être invulnérable pour s'abstraire du regard de la société. Quand ils dansent au Palace, quand ils défilent maintenant sur des chars en plein Paris, fiers d'être gays, ils sont nombreux et unis, anonymisés par la foule, ils font corps avec ces autres qui leur ressemblent. Dans le cabinet médical, ils annoncent leur patronyme, et le docteur connaît parfois leurs parents.

Les chercheurs ont donné un nom à la maladie : AIDS, sida en français, un acronyme pour « syndrome d'immunodéficience acquise ». Et voici bientôt que le sida a des surnoms, aussi.

Le « cancer gay ». La « maladie honteuse ». Faudra-t-il donc toujours avoir honte d'être qui l'on est ? Et s'estimer justement puni, à en mourir ? Qu'est-ce qu'ils savent, les savants, les bien-pensants, du bonheur de danser ? Et que savent-ils de la pression sociale qui pèse sur les êtres différents, ceux qui ne rient pas aux blagues salaces sur les femmes ? Qu'est-ce qu'ils savent du Palace, de Grace, de Farida et de la belle Gilda ? De la joie simple de se côtoyer sans se juger ? Ont-ils seulement déjà croisé Claude dans l'escalier, Claude avec ses tarots, « vas-y, au hasard, tire trois cartes, retourne-les », oups la Mort, l'arcane sans nom : il l'a bien dit, Claude, que cette carte annonce une fin, mais aussi un renouveau… Claude part se mettre au vert avec son fiancé – ils sont infectés tous les deux. Il part cacher son corps qui se décharne quelque part en province, loin du Palace et des lumières de Paris. Dans la Sarthe, couché dans l'herbe, il verra mieux les étoiles éclairant l'infinie nuit à venir. On sait maintenant que les hétérosexuels aussi peuvent contracter la maladie, comme les homos, juste en couchant, voilà, c'est facile. Les mères continuent de recommander à leurs filles de prendre la pilule contraceptive. Tomber enceinte à vingt ans, c'est bien ce qu'il pourrait leur arriver de pire. Le sida, non, les mamans n'y pensent pas.

Gilda va bien. C'est sa chance : en véritable romantique, elle ne papillonne pas et les tombeurs ne l'intéressent pas. À New York, plus encore qu'à Paris, elle a vu et compris bien des choses, et d'abord qu'elle a encore tant à vivre. À faire. À agir. Plus question de n'être que spectatrice. À son retour, elle reprend la pose, quelquefois, pour un magazine. S'y regarder ensuite ne lui fait que peu d'effet. À vingt ans, déjà, quelle chance, elle n'a pas d'ego à nourrir. L'expérience lui apporte plus que le résultat. Le chemin, comme disent les sages. Mais quel chemin emprunter ? Elle a laissé tomber la fac et de toute façon, elle ne se voit nulle part ailleurs que dans ce monde peuplé de créatifs intranquilles. Elle ne sait pas encore très bien quelle sera sa place parmi eux ni si elle en aura une. Elle ne fait pas de plan, elle met un pied devant l'autre, au jour le jour. Elle dort un peu plus la nuit. Elle ajuste la chorégraphie de sa vie, et toujours, elle danse.

IV

Chacun cherche son moi

1

Pendant ce temps, à quelque cinq cents kilomètres de Paris (par l'autoroute A10, sortie Niort recommandée)...

Marennes, modeste bourgade de Charente-Maritime réputée pour ses huîtres et sa proximité avec la souriante île d'Oléron, danse peu. Les adolescents s'ennuient, se soucient moyennement de leur allure, une noix de gel dans la mèche pour se la coller au front, un élastique pour tenir la couette, l'affaire est jouée. Une ou deux fois par an, leurs parents les emmènent faire quelques emplettes du côté de La Rochelle, Royan – Bordeaux, soyons fous, mais ça commence à faire loin. À part ça, ils s'habillent au supermarché. Il faut dire que l'unique boutique de vêtements de la ville, tenue par Mme Parmentier, rue Le Terme, à droite après la pharmacie, propose une confection de qualité, certes, mais des plus classiques, voire vieillotte, et donc pour les mamans. Nous sommes en 1985, la révolution du textile a commencé et ravage déjà les économies des États jusque-là prospères au bénéfice des pays en voie de développement. Les usines de France ferment, les importations augmentent gentiment, mais l'offre reste uniforme et limitée. Alors les jeunes de Marennes, comme ceux de toutes les campagnes et petites villes de France, comme partout où les honnêtes gens travaillent pour payer leur loyer et partir en vacances quelques semaines l'été – pourvu qu'ils puissent s'offrir une location –, portent les salopettes de leurs aînés jusqu'à l'irréparable usure. Les filles râlent si, par malheur, elles n'ont que des frères : rien ne leur va. Les mères et grands-mères tricotent des pulls en prévision de l'hiver, les plus âgées portent une chasuble à carreaux afin de ne pas se salir dans la cuisine. Pour se donner un style, quelques jeunes, les plus branchés, les plus chanceux, arborent un sweat de coton Quicksilver ou Poivre Blanc sur un jean Levi's trop grand, à la cool, parce qu'ici on surfe, on glisse, on prend la vague. À Marennes, on ne sait rien du Sept, des Bains-Douches et du Palace : les lycéens qui ont le permis et les ostréiculteurs en apprentissage vont au Rancho, à La Palmyre, sous les pins, loin, trop loin quand la boisson d'usage est le whisky-Coca. Certains meurent sur la route du retour, fichue picole, foutues départementales plantées de platanes.

N'empêche, à Marennes, en 1985, il y a des adolescentes que le reste du monde et l'art de (se) vêtir intéressent. Pas à la façon de *Modes & Travaux*, *Marie France* et *Femme actuelle*, des magazines qui présentent des tenues féminines et sagement élégantes, certes, mais surtout adaptées à la clientèle de Mme Parmentier. Elles rêvent plutôt en regardant les images des défilés de haute couture diffusées par la télévision à la fin des journaux télévisés ou sur Canal+ pour les heureuses abonnées. Ainsi la sage Caroline et son amie Claire, treize ans, fille d'un peintre en bâtiment et d'une comptable, par ailleurs fan du groupe a-ha, et particulièrement du chanteur Morten Harket, placardé sur tous les murs de sa chambre, avec les trous des agrafes dans la pliure du poster. Claire partage l'espace de son bureau entre ses cahiers de collégienne peu appliquée et son propre atelier de confection textile. L'obsolescence de la Singer de mamie n'ayant jamais été programmée, la machine tourne comme une montre suisse. Ça tombe bien, Claire aime la mode, elle vibre d'énergie créatrice et elle fourmille d'idées.

2

J'étais contre. Contre ma famille. Contre mon milieu petit-bourgeois, établi, confortable et rangé. Contre les temps libres, temps morts, temps d'arrêt. J'avais vingt-deux ans, je vivais à Paris, si riche, si vivante, si créative, et je ne savais pas quoi faire. Comme une adolescente sans passion, je tanguais. Indéterminée. Insatisfaite sans savoir pourquoi. Je savais seulement ce que je ne voulais plus. J'étais contre.

Lorsque je posais pour des photos – pour le magazine underground *Façade,* des publicités… –, je m'ennuyais. Le temps me paraissait interminable quand je devais rester assise en attendant qu'on me coiffe, qu'on me maquille, que le décor, la lumière et le matériel soient prêts… La seule chose qui m'amusait alors, c'était de participer à une création. D'être un outil entre les mains du photographe. Mais je n'étais pas spécialement douée, pas vraiment capable d'apporter à cette espèce de metteur en scène une interprétation assez personnelle du rôle qu'il voulait me voir jouer. Il aurait fallu y aller à fond et je n'osais pas. Ou j'avais trop peur de ne pas être à la hauteur pour me lâcher. Question de confiance en moi, sans doute. Sur les podiums, dans les magazines, on commençait à voir des filles qui avaient ce talent. Elles savaient magnifier un vêtement rien que par leur façon de le porter, de le faire bouger, de faire corps avec lui. Moi, pas tellement.

À part de l'argent, l'exercice ne m'apportait rien. Bien sûr, c'est important, l'argent, il en faut bien au moins un peu, mais diminuer son importance, voire nier la nécessité d'en avoir, c'était pour moi le moyen de marquer la rupture avec le milieu d'où je venais, dont j'étais sortie et dans lequel je ne voulais pas m'insérer à nouveau. Ce milieu raisonnable où l'on se comporte bien – mais selon qui ? Ce milieu où l'on se permet de juger le comportement des autres. Je revendiquais donc ma liberté contre cette obligation vulgaire de gagner de quoi payer ses factures et ses impôts, remplir son frigo et partir en vacances quelques semaines par an, au mieux… Je vivais une longue adolescence molle. J'espérais que ma vie se remplirait de surprises et de plaisirs quotidiens, pas épisodiques. Mais je ne faisais rien pour les créer. Je n'avais pas d'idée. J'occupais seulement mes journées pour combler le vide de l'ennui. Enfin, je tentais…

3

Saint-Just-Luzac (banlieue de Marennes), chez Claire, un mercredi après-midi.

— Caro, qu'est-ce que tu penses de cette tenue ?

— Fais voir de plus près ? Ah oui, super, cette tunique sans manches !

— C'est une robe.

— Oh là là, hyper courte, non ? Mais dis-moi, le tissu… C'est celui des rideaux de la cuisine !

— Les anciens, oui.

— Attends, Claire : tu as découpé les rideaux de la cuisine pour fabriquer une tunique à ta poupée Barbie ?

— Les *anciens* rideaux de la cuisine. Et c'est une robe.

— Mais enfin, Claire, tu vas te faire engueuler par ta mère !

— Quoi ? Elle en a acheté des nouveaux, c'est pas pour remettre les vieux !

Caroline rigole. Elle adore Claire, sa propension à prendre des initiatives sans s'inquiéter des conséquences.

— Claire, tu penses devenir styliste, plus tard ?

— Pourquoi pas ? Pour mon anniversaire, j'hésite à demander un abonnement à *Vogue* ou au *Harper's Bazaar*. Sans doute au *Bazaar*, plutôt, parce qu'on le trouve pas dans ce trou paumé...

Claire ouvre un magazine posé au pied de son lit.

— Regarde ce modèle, qu'est-ce que t'en penses ?

— Cette jupe ? Hyper courte.

— Tu rigoles ? On dirait du Chanel. En mieux. Elle est parfaite. Je vais me faire la même. T'en voudras une ?

Caroline est surnommée Cuisses de Grenouille par son père. Les fémurs de Claire sont trois fois plus épais. Elle est juste magnifique, solide, dynamique, et parce qu'elle ose tout, elle peut tout se permettre. Caroline décline la proposition. À regret, mais elle décline.

4

Ma copine Sophie faisait des études qui la rendaient plus cultivée chaque jour. Aborder de nouvelles idées, enrichir son vocabulaire, réfléchir à des concepts, trouver des arguments, contredire et être contredite, tout cela lui plaisait et suffisait à la nourrir au quotidien. Elle se remplissait intellectuellement, culturellement, cela la rendait forte et libre. C'était – c'est toujours – sa façon d'exister dans la société et dans le monde. Elle avait grandi de cette façon, dans une famille très militante, à l'extrême gauche de la gauche. Chez eux, même Alain Krivine passait pour un suppôt de Satan. Ses parents travaillaient chez Renault et leur but était moins d'y gagner leur vie que d'y mettre le bazar par le biais de leur action syndicale. Je les adorais. J'étais contre mon milieu, pas contre le leur, mais je ne faisais partie d'aucun. Instinctivement, je le savais : je devais trouver ma voie, ma place, une manière de vivre qui me convienne au jour le jour. Je cherchais sans le savoir à créer l'envie d'être encore là le jour suivant, prête à accueillir les nouvelles surprises que le sort me réservait. J'étais moins spectatrice de ma vie qu'avant New York, mais je me laissais vivre. La seule chose que je choisissais vraiment, en conscience, c'était le costume que je portais.

Comme tous les fauchés, je me débrouillais. Dommage pour moi, je ne savais rien faire de mes dix doigts et j'aurais été incapable de me coudre le moindre vêtement, mais j'allais dans les friperies et je dégotais des fringues des années 1950, 1960, qui me donnaient une drôle d'allure quand je les enfilais : étant plutôt grande, les jupes remontaient forcément haut sur mes cuisses. Bill et Bob pointaient obstinément sous mes chemisiers, j'étais sexy malgré moi : je multipliais les excentricités pour appeler le regard ailleurs que sur eux. On me disait que j'étais bien bête de ne pas en profiter, que je n'avais qu'à prendre exemple sur Marthe Lagache, avec ses formes plantureuses, Marthe avec qui je faisais parfois la fête au Palace ou aux Bains-Douches. Ou bien sur Dianne Brill, une Américaine, mannequin elle aussi, et comme moi flanquée d'une paire de seins énormes. Toutes les deux savaient quoi faire de leurs formes : leurs rondeurs étaient même leur premier atout dans le métier. Selon moi, c'était possible pour elles parce qu'elles avaient choisi de s'accepter.

Ou parce qu'elles y étaient parvenues. Mais de même qu'on ne peut pas se forcer à changer, à devenir quelqu'un d'autre que l'on admire, à qui l'on aimerait juste ressembler, on ne peut pas non plus se forcer à s'épanouir dans un corps qui ne nous ressemble pas. On peut juste s'en servir pour marcher, respirer, voyager, travailler, et aimer, pourquoi pas aimer ? Aimer, je ne demandais que ça.

5

Marennes, dans la chambre de Caroline, où le dernier numéro de *L'Autre Journal* côtoie le tout nouveau *Glamour*. En couverture, une femme noire, Naomi Campbell.

— Caro, j'arrête les frites et les bonbecs.

— Pourquoi ?

— Loïc m'a larguée. Et j'ai la taille épaisse.

— C'est pas un mec qui va te dire à quoi tu dois ressembler ! Et moi, je te trouve très belle.

— Tu dis ça parce que t'es ma copine.

— Oui, Claire, je suis ta copine, mais je pense ce que je dis. Et puis un copain qui te larguerait juste parce que tu aurais la taille épaisse (et je ne dis pas que c'est le cas), c'est juste un con.

— T'as raison. On va à la boulangerie ?

6

Rien ne me gênait chez un homme quand je tombais amoureuse. Je l'acceptais tel qu'il était, avec ses qualités et ses défauts. Arnaud se droguait. On vivait ici, ou là, chez un copain de copain qui nous lâchait son appartement pour quelques semaines, dans des sous-locations pas très légales, des chambres de bonne oubliées... Je traînais ma valise de squat en squat, je perdais pas mal d'affaires en route... Vivre avec un drogué est épuisant. Amusant, souvent, mais il faut déployer beaucoup d'énergie pour ne pas se laisser entraîner dans son tourbillon mortifère. J'ai réalisé que je ne sauverais pas Arnaud, je suis partie. Puis j'ai rencontré un homme de trente-huit ans, papa d'un petit garçon de six ans, Mathieu, que j'adorais. J'étais mal dans ma peau, je ne savais toujours pas quoi faire de mon corps et de ma vie, ils m'ont aidée à me stabiliser. J'ai vécu avec eux pendant deux ans. Il travaillait pour la société Nouvelles Frontières, qui organisait un festival rock en Grèce, Rock in Athens. Il m'a fait embaucher dans l'équipe, j'en étais tout excitée. Le premier soir, il y a eu une énorme bagarre de rue entre des policiers et des gens qui voulaient entrer sans payer. Le lendemain, pour éviter que la situation dégénère à nouveau, la sécurité a laissé entrer pas mal de manifestants... Ils se sont retrouvés devant la scène, en train de huer le malheureux Boy George, obligé de se contorsionner pour éviter les jets de tomates et de canettes. J'ai eu mal pour lui, j'aimais bien le personnage. Sur l'ensemble du festival, j'ai côtoyé des stars. Mon cœur de midinette avait battu bien fort lorsque j'avais appris qui serait là : Nina Hagen, les Cure, les Clash... Finalement, ils ne m'ont pas impressionnée autant que je m'y attendais. C'étaient des êtres humains, de chair et d'os, le talent artistique en plus. Je suis rentrée à Paris déçue. Professionnellement, cette expérience ne m'avait pas permis de trouver ma place. Mon amoureux me trompait tout le temps et je ne voulais pas me borner au rôle d'éternelle baby-sitter de son fils, alors je l'ai quitté lui aussi.

Retour à la case départ, avec mes tenues de punkette, mes vestes exagérément épaulées, mes jupes corolles fluo. Des habits très voyants pour me cacher dedans. Pour qu'on ne voie qu'eux et qu'on ne m'aborde que pour mon audace. Pour qu'on se demande : quand même, qui porte une tenue pareille ? Pour me convaincre moi-même que je me prends pour quelqu'un, que je ne suis pas personne.

À aucun moment je n'ai pris le temps de m'arrêter et de me demander ce que je voulais. Où je voulais aller. À bientôt soixante ans, d'ailleurs, je ne l'ai toujours pas fait. Rien que l'idée me donne le tournis. Les questions sont là, quelque part en moi, et j'imagine que j'y réponds quand même, à ma façon : en laissant le temps m'imposer une réponse. C'est peut-être moi qui mets en place les conditions pour que les choses arrivent, mais je n'ai toujours pas l'impression de décider vraiment. Je ne calcule rien, je ne suis pas une stratège. Aux Bains-Douches, par hasard, j'ai recroisé Marilyn Gauthier, agent de mannequins, notamment de Jerry Hall et d'Inès de La Fressange.

— Alors, Nathalie, qu'est-ce que tu deviens ?

— Bof, pas grand-chose. Je cherche un peu du boulot.

— Écoute, tu connais du monde dans le milieu de la mode, tu sais comment ça marche, ça te dirait de devenir bookeuse chez moi ?

Voilà, ça s'est fait comme ça. J'ai dit d'accord. Le pire, c'est que je n'étais même pas sûre d'y trouver de l'intérêt.

7

Saint-Just, chez Claire, dans la cuisine.

— Maman, franchement, un mètre soixante-quinze à treize ans, je suis bien partie, non ? Pour être mannequin, je veux dire, je pourrais y arriver… J'ai du potentiel. Il faut que je me laisse pousser les cheveux. Et si je devenais blonde, tiens, qu'est-ce que tu en dis ? Voilà, blonde, et grande, et mince, comme Barbie ! Elle est parfaite, Barbie…

— Parce que c'est une poupée, ma chérie. Personne ne ressemble à une poupée Barbie dans la vraie vie.

Claire ouvre un magazine.

— Si. Jerry Hall.

Air interrogateur de la mère.

— Elle est un peu maigrichonne, ta Jerry-Barbie.

— D'accord, alors elle : Rosemary McGrotha. Une Américaine. Elle est normale, elle, on est d'accord ? Normale, mais en mieux.

— Une belle femme, je te l'accorde. Et je pense qu'elle mange des frites... de temps en temps. Tu sais, moi, j'aime bien la Française, là... Attends, son nom va me revenir... Celle qui travaille pour Chanel...

— Inès La Frange, cette grande tige ? Quelle horreur ! Elle est vieille, en plus !

Moue dubitative de la mère.

— Ma chérie, Inès de La Fressange n'a pas trente ans, et je nous souhaite à toutes les deux de vieillir comme elle.

Arrivée de Caroline, déposée en voiture par sa mère, aussitôt repartie. La mère embrasse l'invitée et l'informe :

— Claire veut devenir mannequin, mais pas comme Inès de La Fressange. Trop grande et trop vieille, paraît-il !

— Claire a raison. Et puis elle est surtout beaucoup moins belle que Linda Evangelista !

Quelques années plus tard, Claire passera son bac dans un lycée de La Rochelle. Elle ne deviendra ni mannequin ni styliste et ne le reprochera jamais à sa mère. Elle continuera de coudre pour son seul plaisir. Elle vit aujourd'hui dans le centre de la France, où elle est chef d'entreprise. La machine à coudre de mamie étant devenue naturellement obsolète, Claire s'en est acheté une nouvelle, *made in China.* Elle a perdu de vue sa copine Caroline, partie faire ses études à Bordeaux puis devenue journaliste. Il paraît qu'elle raconte la vie des gens.

8

Marilyn Gauthier m'a prise sous son aile et m'a appris le métier comme on apprend à certains enfants à nager : en les jetant sans bouée dans le grand bain. Elle arrivait à midi, engueulait ceux qui n'avaient pas poussé la porte de l'agence dès neuf heures et demie le matin : mais comment savait-elle ? On ne pointait pourtant pas comme à l'usine ! Elle ressortait aussitôt déjeuner et revenait dans l'après-midi avec des gâteaux. Elle nous rapportait le goûter, comme une maman. J'avais beaucoup de respect pour elle – j'en ai toujours. Du haut de mes vingt-trois ans, je trouvais qu'elle exagérait d'imposer des règles à ses employés alors qu'elle ne les respectait pas elle-même, mais j'ai compris peu à peu qu'elle avait raison. Elle n'avait de comptes à rendre à personne, elle donnait la direction, elle était la patronne, et si nous ne faisions pas bien notre boulot, il n'y aurait plus ni patronne ni boulot. Une fois qu'on a accepté de quitter une vision adolescente de l'entreprise, il devient plus simple de sortir de son lit le matin et d'aller au turbin. D'ailleurs, vraiment, ce n'était pas l'usine...

Le métier de bookeuse est simple : il suffit de savoir tout faire et d'être partout à la fois. Autant dire que cela ne s'improvise pas ! D'abord, il faut avoir l'œil. Lorsque Karen Mulder a poussé la porte du bureau, avec son sac à dos, arrivant tout juste des Pays-Bas et encore inconnue en France, personne ne croyait en elle : je l'ai trouvée solaire et j'ai été ravie de la faire travailler. Ensuite, il faut sélectionner les bons mannequins pour les clients, et les bons clients pour les mannequins. C'est là que le festival commence : il faut s'assurer que le mannequin arrive en bonne forme physique et morale devant le client, mais aussi que ce dernier l'accueille et la traite correctement – et j'étais bien placée pour savoir qu'il fallait « veiller » sur les filles, les protéger. Il faut négocier les contrats au mieux dans l'intérêt de son mannequin tout en respectant les règles du métier. Il faut faire en sorte que la jeune femme se sente désirée, opérer les bons choix pour sa carrière. Il faut encore réserver des billets d'avion, des taxis, des hôtels ou des appartements, prendre en compte la fatigue des décalages horaires, la solitude de celles qui voyagent parfois pendant plusieurs semaines d'affilée sans revoir leur famille, les coups de blues et les coups de cœur pour des prétendants prédateurs dont on se passerait quelquefois volontiers… Tout ceci implique donc d'être ultra-disponible, à l'écoute, un peu coach, un poil psy.

Maintenant que j'avais des revenus, j'ai pris un appartement aux Halles. Il y avait toujours du monde chez moi, des copains, des artistes, des mannequins dont je m'occupais… Mon premier domicile connu depuis que j'avais quitté mes parents – qui n'ont pas dû y mettre les pieds plus d'une ou deux fois, n'ayant jamais été invités à partager un poulet au déjeuner du dimanche, puisque j'étais contre, décidément contre ! Je n'avais pas complètement coupé les ponts, mais je n'avais plus grand-chose en commun avec eux. Et je ne me sentais pas seule. Chez moi ou ailleurs, on se réunissait en petits groupes, dans les salons, dans les cuisines, pour discuter, passer de bons moments… Mais la nuit, la fête, c'était fini. En tout cas, ce n'était plus comme avant. En plus de la crise économique, de l'inflation et du chômage, le sida continuait ses ravages. Les soirées dans les boîtes permettaient encore aux gens de se retrouver, mais on sentait qu'ils étaient moins délurés. La maladie, ou sa menace, avait éteint l'insouciance et la joie comme on souffle une bougie. J'étais devenue plus méfiante, à tous égards. Je regardais les autres vivre, comment ils se sortaient – ou pas – des situations extrêmes dans lesquelles ils se jetaient parfois, en termes de consommation d'alcool, de drogue, de sexe aussi : je ne les jugeais pas, mais je savais de mieux en mieux ce qui était pour moi – ou pas.

Chez Marilyn, il y avait des horaires pour le bureau, il n'y en avait pas en dehors du bureau. On pouvait travailler vingt-quatre heures sur vingt-quatre, on aimait ça et ça nous allait bien. Je me suis investie à fond, au début. Il y avait souvent une fille pour faire la sieste sur mon canapé, parfois même dans mon lit si je lui laissais les clés de l'appartement… Je retrouvais mon frigo vide : aucune ne pensait jamais à faire des courses. On m'empruntait un pull parce qu'il faisait frais, quand même, pour la saison, et le pull repartait dans quelque avion… L'une de mes mannequins, qui habitait à Paris, m'a téléphoné une nuit depuis New York (c'était la fin de la journée pour elle) parce qu'elle n'avait pas trouvé de copine à qui confier son chat. Mais ce n'était pas grave : la concierge avait les clés, je n'avais qu'à passer chez elle deux fois par jour, de préférence le matin et un long moment le soir, le minet ayant besoin d'affection. Je me sentais vampirisée dans mon espace. Je n'avais même plus d'espace. Et pourtant, j'aimais chacune de mes journées. J'aimais même les nuits passées à tendre des Kleenex à des gamines qui avaient le blues du pays. J'avais trouvé ma voie, qui n'était donc pas mannequin mais tout de même proche des couturiers, des photographes et de tous les artisans de la beauté qui travaillaient avec eux.

J'étais installée, j'avais un métier, des compétences reconnues : après seulement quelques années, j'étais même convoitée par la plus grande agence de Paris. Tout à coup, je ne m'habillais plus que pour me faire plaisir, et souvent avec le premier chemisier que j'attrapais dans mon armoire. Plus besoin de paraître ce que je n'étais pas, ou pas sûre d'être. Pour la première fois, je me disais que la vie serait belle.

V

Bookeuses d'élite

1

Elle porte un pantalon de cuir noir très ajusté, un chemisier en dentelle, une veste pour homme épaulée bien trop large pour elle. Exprès. Ses escarpins vernis, douze centimètres de talon, la torturent, elle endure. Car ainsi vêtue, quelle allure, elle en impose, elle le sait. Caressant sa chevelure rousse de lionne, elle pointe ses cuisses allumettes, sa poitrine menue, ses poignets graciles. Cette silhouette, certains mannequins la lui envieraient presque. Élianne, une liane... La génétique, hélas, lui a joué un sale tour. À chaque agence où elle s'est présentée, le menton haut, avec assurance et morgue, elle s'est confrontée à la toise, au mieux, et parfois au seul regard d'un agent : « Trop courte. »

Elle est furieuse contre sa mère pour cela. « Trop courte. » Enfant, elle a entendu tant de commentaires du même ordre à son sujet. Tant d'injonctions amusées à manger de la soupe. Tant de cajoleries hypocrites. Et toujours, pour conclure, le même étonnement : comment peut-elle être si différente du reste de la fratrie ? Plus petite, certes, les gens ne retenaient que cela. Ne voyaient-ils donc pas qu'elle était surtout plus fine, plus gracieuse et mieux proportionnée ? Elle avait renoncé à la danse parce que monter sur des pointes lui faisait gonfler les mollets. Mais elle avait gardé le maintien, le port de tête, et cette manière singulière de tendre la main vers l'avant, pour héler un taxi à présent, pour saluer de loin, pour exiger que l'on dispose. Élianne cultive ses arabesques.

Refoulée deux fois de l'agence la plus prestigieuse de Paris, elle s'y était présentée de nouveau, au culot : puisque la direction changeait, on passerait peut-être, cette fois, sur son mètre soixante-neuf (et demi). Non. « Toutes nos filles font bien cinq ou six centimètres de plus, c'est la loi du marché. Ou alors, il faut avoir quelque chose d'exceptionnel. » La remarque, anodine, à la fois si juste et si cruelle... Mais elle a saisi sa chance. « La mode vous intéresse ? Ça se voit, que la mode vous intéresse. Et à part ça ? *Tell me darling*, parlez-vous anglais ? Vous avez des qualifications ? Une grande disponibilité ? Vous êtes débrouillarde ? » De secrétaire multitâche à tout petit salaire, elle est vite devenue bookeuse ; les commissions l'habillent. Pour l'heure, elle s'occupe encore des mannequins qui débutent, ce qui est pénible parce qu'il faut tout leur apprendre, à commencer par ce qu'elle ignore elle-même. Quand on parle. Quand on se tait. Quand on s'autorise un avis sur le vêtement, le bijou, et dans le studio sur le décor : c'est bien simple, jamais. À la limite, un sourire satisfait, et si l'on est interrogée, quelques mots pour dire que c'est parfait.

Elle vise plus haut. Elle veut Stephanie, Naomi, Tatjana, Linda, Cindy... Pourvu que la nouvelle bookeuse ne lui barre pas le chemin. Il paraît qu'elle a été mannequin elle-même et qu'elle connaît déjà le métier. Sinon, d'ailleurs, Gérald ne l'aurait pas débauchée. Élianne devine la menace. Elle rajuste son chemisier de dentelle, aspire un ventre inexistant, à se demander où logent ses organes, et pousse la lourde porte de l'immeuble cossu qui abrite les bureaux. Prendre un air renfrogné ne lui demande aucun effort. Posture. Elle donne à penser qu'elle domine ses collègues. Dans sa tête, dans sa tête au moins, c'est assez vrai. Elle pénètre dans le hall, appelle l'ascenseur, ramène une masse somptueuse de cheveux flamboyants devant son épaule droite. Et tandis que la cabine s'élève, elle s'en convainc en susurrant son mantra : « Chez Elite, c'est moi l'élite. »

2

Si j'avais grandi dans un petit bled à la campagne, je n'aurais pas été vue, à l'âge de quinze ans, marchant dans une rue de Paris. Je n'aurais pas été sollicitée par une agence de mannequins. Je n'aurais pas suivi un homme que je ne connaissais pas jusqu'à ses bureaux. Je ne me serais pas retrouvée dans un catalogue. Je n'aurais pas été choisie pour, peut-être, devenir la représentante d'une gamme de cosmétiques lancée par une maison prestigieuse. Je ne me serais pas retrouvée muette et paralysée dans une voiture de sport, les cheveux, mes beaux cheveux bruns, épais, bouclés, dans la poigne d'un prédateur. De si en si, je peux affirmer que je ne serais pas devenue bookeuse.

Dans les années 1980, les mannequins les plus convoitées étaient surtout américaines, mais le centre du monde de la mode restait Paris.

Pourtant l'antenne parisienne d'Elite, l'agence des stars, ne se portait pas au mieux. Son fondateur, John Casablancas, et Gérald Marie, qui dirigeait jusque-là sa propre agence, ont alors fusionné leurs deux entreprises qui sont devenues Elite Model Management. À charge pour Gérald de redresser la barque. Il s'y est attelé dès 1986 et m'a fait venir pour participer en tant que bookeuse junior. J'ai débarqué dans une structure sans commune mesure avec celle de Marilyn Gauthier. Par la renommée des mannequins représentées, par l'agitation permanente qui régnait dans les bureaux, par la perfidie de certains de ses employés.

Il n'y avait pas de bureaux à Milan, l'autre scène qui montait peu à peu. De Paris, on travaillait pour toute l'Europe avec les moyens de communication de l'époque : les téléphones mobiles relevaient encore de la science-fiction. Les fixes étaient reliés à un fil qui était relié à une prise fichée dans le mur. Il fallait poser le combiner et faire attendre son interlocuteur si l'on avait besoin d'une information qui se trouvait dans la pièce d'à côté. Ou bien hurler le nom d'une assistante, qu'on appelait alors novice, qui nous portait réellement assistance. Chacun de nous avait deux postes sur son bureau, et autant de pendules : l'une à l'heure de la France, l'autre à celle de New York. Tant pis s'il n'était pas, en France, une heure décente pour appeler New York, et inversement... Pour les autres destinations, c'est-à-dire les autres pays riches, on se débrouillait pour calculer, et si l'on comptait mal, il arrivait souvent qu'on obtienne quand même quelqu'un à l'autre bout du fil. C'était une profession qui exigeait, déjà, qu'on s'emploie nuit et jour. On jonglait avec les fax, une cigarette fixée au coin de la bouche en permanence, puisqu'on fumait partout sans se soucier des non-fumeurs – bien sûr, il y en avait –, même dans les bureaux, même en gardant les fenêtres fermées. Puisqu'il n'y avait pas d'ordinateurs, les mannequins étaient présentées sur des tirages photos, les contrats établis sur papier en trois exemplaires, un carbone glissé entre les feuilles. C'était une époque de carnets-répertoires remplis de numéros, d'adresses, de feuilles volantes et de classeurs d'archives.

Les locaux de l'agence restaient rarement déserts. Il y avait toujours une urgence à gérer quelque part dans le monde, toujours la nécessité d'y revenir. Un soir, peu avant minuit, je viens juste de rentrer chez moi, rue de Turbigo, quand la sonnerie de mon téléphone – à mon domicile, donc – retentit. C'est une de mes mannequins. Elle a bien atterri comme prévu à La Réunion, seulement personne n'est venu l'accueillir à l'aéroport. À dix-sept ans, elle se retrouve seule avec sa valise et sa fatigue, elle ne sait pas où aller dormir, ni quand et comment rejoindre le shooting prévu le lendemain. C'est une enfant. De chez moi, je ne peux rien faire pour elle, mais évidemment, il n'est pas question de ne pas l'aider. Je note le numéro de téléphone de la cabine d'où elle m'appelle et je retourne au bureau, où j'ai les contacts nécessaires pour régler le problème. J'y passerai le temps qu'il faudra, mais je ne rentrerai pas me coucher tant que je ne saurai pas que mon mannequin a bien été prise en charge. Et si je ne dois pas me coucher avant le lendemain soir, eh bien tant pis. Une autre fois, c'est la grande Naomi Campbell elle-même qui appelle en urgence au bureau, alors que je m'y trouve seule : elle a raté son Concorde, elle veut savoir quand partira le suivant… La réponse est : « Demain ! » Il va donc falloir la faire voyager sur un avion de ligne classique. Le métier de bookeur, c'est aussi ça : se rendre présent pour répondre aux appels au secours, seconder les mannequins même à distance, fournir des solutions. L'agence touche une commission à la signature du contrat de son mannequin avec la maison de couture ou le magazine – *Vogue, Harper's Bazaar, L'Officiel…* –, mais il faut encore assurer le service après-vente.

Si je n'étais pas devenue bookeuse après être tombée dans les griffes d'un prédateur, je n'aurais peut-être pas pris autant soin des jeunes mannequins. Je n'aurais peut-être pas su les mettre en garde contre les dangers auxquels elles pouvaient être confrontées dans notre milieu, et dans la vie en général. Je ne les aurais pas incitées à demeurer attentives à tout comportement vis-à-vis d'elles devenant embarrassant. Je n'aurais sûrement pas dit, avec conviction et précision : « Cet homme-là, on ne doit jamais se retrouver seule dans une pièce fermée avec lui. Jamais. » Mon prédateur, je l'ai croisé quelques fois, lors de défilés. J'ai fait semblant de ne pas le reconnaître. Lui aussi. Mais dans son cas, c'était peut-être vrai. Je n'étais sans doute qu'une parmi d'autres.

Ce que cette triste expérience ne m'avait pas enseigné, je l'ai appris en travaillant chez Elite. Peu à peu, je suis devenue plus méfiante, moins naïve. Mon frère, par la tournure qu'a pris sa vie – bien malgré lui –, m'y a aussi encouragée.

3

Taille, tour de poitrine, tour de taille, tour de hanches, en centimètres et dans l'ordre. Connaître les caractéristiques des filles par cœur, c'est la base, croit-elle. Alors quand elle s'ennuie en attendant sur le quai du métro, elle répète. Naomi Campbell, 1 m 77, 86, 61, 86. Linda Evangelista, 1 m 76, 86, 61, 89. Christy Turlington... Mince, elle ne sait plus. C'est la plus grande, ça c'est sûr, mais de combien ? Naomi, Linda, Christy, la sainte Trinité. Pas tellement plus belles qu'elle, franchement, mais moins « courtes », c'est sûr ! Elle n'en a rencontré aucune, pour l'instant. Les stars des podiums sont réservées aux stars des bookeurs, c'est logique, question de hiérarchie. Elle doit encore faire ses preuves. Et s'assurer que personne ne viendra contrecarrer ses ambitions, à commencer par la nouvelle. On dirait bien qu'elle a le vent en poupe. Sabine, la chef, a l'air de l'apprécier, et même Gérald, qui la fait venir dans son bureau parfois. Leurs entretiens ne durent jamais plus de quelques minutes, mais quand même, il trouve soit des choses à lui dire, soit des choses à lui demander...

N'empêche que cette Nathalie commet encore des erreurs de débutante. À croire qu'elle travaillait sur l'île aux enfants avant de débarquer chez Elite. Quand elle a négocié un bon contrat avec Saint Laurent, elle n'a pas vraiment écouté. Elle pensait qu'il s'agissait d'une simple campagne de publicité pour un vêtement. Pour une jeune mannequin aussi peu connue que Marie, Nathalie avait obtenu une sacrée somme et s'en félicitait. Dommage pour elle, les formulaires sont restés sur son bureau un après-midi entier, et elle ne les avait pas signés ! Pour Élianne, il n'a pas été difficile de s'emparer des papiers, d'inscrire son nom à la place de celui de sa concurrente et de faire passer le contrat à la comptabilité. Pourquoi se priver d'une telle opportunité de se faire remarquer par la direction pour le bon travail accompli ? Ça lui servira de leçon, à la Nathalie... Il faut la voir le matin quand elle arrive, la tête enfarinée, à peine maquillée, comme si elle allait faire ses courses. Elle dit bonjour à tout le monde. À tout le monde ! Il a eu raison, Cédric, l'autre fois, de lui tendre ce piège au téléphone... Qu'est-ce qu'ils ont ri ! En pleines négociations des prochains défilés de prêt-à-porter, il s'est fait passer pour le *casting director* d'une grande marque. À l'agence, Sabine avait fixé la limite basse pour l'emploi des mannequins : tarif 10, pas moins, qui que soit la fille demandée. Et Cédric qui argumentait : « Les mannequins, je les prends toutes chez vous. Toutes ! Imaginez le coup énorme pour vous, perso, et quel succès pour Elite ! Mais attention, ce sera au tarif 8. » Nathalie avait demandé un moment pour aller en parler à Sabine. Dans le bureau, Cédric et ses complices avaient bien cru que ça allait passer, que Nathalie allait céder. Finalement non, dommage. Mais Cédric n'avait pas lâché : « Allons, je vous envoie une limousine, je vous emmène déjeuner au Ritz, on va en discuter tous les deux... Et je vous prépare une enveloppe. » La tentative de corruption avait échoué, hélas. Élianne soupire.

Face au miroir des toilettes, elle lisse sa queue de cheval et remet du rouge sur ses lèvres. Un quart de tour, profil droit, bien. Demi-tour, profil gauche, le meilleur. Alors qu'elle quitte les lieux, la porte s'ouvre avec vigueur, elle manque de la recevoir sur le nez. C'est encore elle. Cette folle de Nathalie. Folle, tiens, oui, folle, si ça se trouve...

4

J'ai compris que mon frère avait un problème un après-midi alors qu'il était passé chez moi, rue de Turbigo, dans le quartier des Halles. Un couple de copains était présent, lui étant infirmier. Stéphane est arrivé très énervé. « Les gens dans le métro, ils me regardent bizarrement. » Il fumait beaucoup de cannabis à cette époque. Il avait vingt ans, était étudiant en architecture, mais pas très assidu. Il ne savait pas trop quoi faire de sa vie. Je lui ai demandé : « Comment ça, les gens te regardent ? » Il n'avait pas l'air tranquille. Ses yeux furetaient autour de lui, comme s'il avait peur que quelqu'un surgisse tout à coup. Mon copain infirmier m'a adressé un petit signe de tête, un léger mouvement qui disait « non, je n'y crois pas, personne ne regarde Stéphane bizarrement. C'est lui qui est bizarre. Il y a autre chose... »

Quelques jours plus tard, je suis allée chercher Stéphane chez nos parents : il refusait de sortir sous prétexte que les oiseaux le suivaient partout dès qu'il mettait le nez dehors. J'ai voulu croire que ces bizarreries étaient dues à une trop grande consommation de drogue. Mon père connaissait le dealer, il m'a annoncé son intention d'aller lui « casser la gueule » pour qu'il arrête de « vendre sa merde à Stéphane ». Je l'en ai dissuadé. Stéphane aurait vite fait de trouver un autre dealer, pourquoi prendre le risque de s'attirer des ennuis ? Le trafic de drogue ne vient pas seulement de l'offre. Le demandeur doit aussi régler son problème.

Chez moi, les soirées s'achevaient au petit matin sur un lit de bouteilles vides. Je ne connaissais pas tous ceux qui larvaient sur le tapis du salon, dans la baignoire et même sur le carrelage de la petite cuisine où je ne cuisinais jamais grand-chose. Il y avait là des artistes qui avaient suivi l'un d'eux que j'avais bien invité, lui, et le bouche-à-oreille galopant dans les rues du quartier avait fini de remplir les lieux. Beaucoup prenaient de la drogue. Certains faisaient encore mine d'ignorer ce qu'on tenait maintenant pour sûr, que le prêt de seringues et les rapports sexuels non protégés étaient à haut risque. Ils ne changeaient rien à leurs pratiques. Comme si traiter la maladie par le dédain pouvait les en protéger. Le sida avait déjà emporté beaucoup de leurs amis. On savait tous qu'untel et telle autre étaient malades et n'en avaient plus pour longtemps.

Ça se voyait même dans les magazines : les photographes montraient les mannequins hagardes, la peau blanche, le regard vide. Certains créateurs ne choisissaient que les filles les plus maigres, qu'ils faisaient défiler l'air perdu, les bras pendant le long du corps, comme des pantins drogués, sans volonté. Des zombies. Simple effet esthétique ou dénonciation consciente d'un drame de société, je ne sais pas, mais il est certain que la maladie était partout dans le milieu. Elle était sûrement ailleurs aussi ; je sais bien que beaucoup d'autres qui n'étaient pas artistes, designers, photographes mouraient aussi à cause du sida, seulement je ne les connaissais pas. Moi, j'avais l'impression d'être cernée et cela me rendait triste.

Je n'avais pas peur pour moi. Pas de ça. En quelque sorte, ça ne me concernait pas. Mais je continuais d'enchaîner les semaines, les mois, sans vraiment savoir où j'allais. J'avais un travail, bien sûr, je m'attachais à le faire bien et j'y parvenais la plupart du temps. J'étais devenue quelqu'un sur qui on pouvait compter pour résoudre les problèmes, souvent avant même qu'ils ne se présentent. J'avais bien saisi le monde de la mode et ses codes, je savais anticiper. J'avais aussi bien compris qu'il ne fallait attendre ni remerciements ni reconnaissance, que ce soit de la part des créateurs ou de celle des mannequins elles-mêmes. Tout ça, c'était du travail. Je l'avais accepté. Je me demandais ce que j'avais à gagner à bosser avec autant d'acharnement, à part de l'argent. Car encore une fois, de l'argent, plein d'argent, pour en faire quoi ? Pour le dépenser comment, si ce n'était en le partageant avec quelqu'un que j'aimais ? Il n'y avait personne dans ma vie. Alors à quoi bon tout ça ?

C'est à se demander si Stéphane n'a pas voulu m'apporter une réponse. Mon frère a fait un premier épisode de décompensation psychotique chez nos parents, dans leur petit pavillon d'Issy-les-Moulineaux : sa conscience s'est extraite de la réalité pour aller dans une autre, où lui seul évoluait. Une espèce de monde parallèle dans lequel il ne pouvait plus rien entendre, aucun argument, aucune parole sage ni rassurante, aucun avertissement non plus, alors qu'il créait une situation de danger pour lui-même comme pour son entourage. Il s'était en quelque sorte dédoublé. Il hurlait, il cassait tout, il voulait trouver le moyen de s'ouvrir le crâne pour en « faire couler la sève ». Mon frère, soudain, c'était le poète Antonin Artaud… Les pompiers l'ont emmené à l'hôpital, où on lui a administré un neuroleptique puissant. Quand je suis arrivée pour le voir, j'ai constaté que tous les patients avaient droit au même traitement. Je les ai observés, à l'abri derrière une vitre qui séparait les visiteurs des patients : ils marchaient tous les uns derrière les autres, au même rythme, les bras ballants, la tête baissée. Ils me rappelaient les mannequins. Ils défilaient.

Sainte-Anne, collection printemps-été, capsule Haldol. Stéphane portait un tee-shirt que je lui avais offert, un simple tee-shirt gris sur lequel était imprimé le nom de l'agence Elite. Si la situation n'avait pas été si triste, il est probable qu'elle m'aurait amusée.

5

Cindy Crawford, 1 m 75, 86, 66, 91. Tatjana Patitz, 1 m 80, 89, 63, 94. Elles font la couverture du *Vogue* britannique avec Naomi, Christy et Linda. Photographiées par Peter Lindbergh, dans la rue, juste habillées d'un jean et d'un haut drapé plus sophistiqué, elles sont sublimes. Simplement sublimes. Élianne comprend, enfin. Ce n'est donc pas qu'une question de centimètres. Ce doit être ce truc qu'on appelle le charisme, ou l'aura, cette force qui se dégage et qui passe par… par quoi, au juste ? La franchise du regard, peut-être.

Elle n'ose plus affronter Nathalie en face. Le jour où elle a signé le contrat à la place de sa rivale aurait pu lui coûter sa place. Car Gérald avait déboulé dans le bureau, furieux, hurlant contre elle. Et en effet, pourquoi s'en serait-il pris à la véritable responsable puisque son nom n'apparaissait nulle part sur les papiers ? Il se trouve qu'il avait lui-même signé la même fille pour un parfum, dans une autre maison aussi prestigieuse, laquelle avait insisté pour avoir l'exclusivité sur le visage encore inconnu de la jeune beauté. Élianne était donc d'abord restée pétrifiée face aux éructations du patron, puis elle n'avait eu d'autre choix que de bafouiller des excuses, assurer qu'elle allait trouver une solution, sans tarder, pour revenir sur le contrat. Nathalie avait levé la tête sans prononcer la moindre parole, parce qu'elle ne comprenait tout simplement pas : elle ne s'était pas encore rendu compte que son travail lui avait été volé ! Les deux jeunes femmes se retrouvaient contraintes à un silence complice bien malgré elles. Nathalie parce qu'elle avait commis une faute en faisant signer le contrat à Saint Laurent sans vérifier que la fille était libre de toute exclusivité, l'autre bookeuse en s'octroyant le bénéfice de la transaction. Pour ainsi dire, elles se tenaient maintenant l'une et l'autre par la barbichette, avec un léger avantage pour Nathalie, qui savait désormais de quoi sa consœur était capable…

Élianne garde un espoir. Que Nathalie craque. Qu'elle ne supporte pas la pression, les blagues de Cédric, le niveau d'exigence d'Elite. Qu'elle fatigue. Qu'elle débarrasse le plancher.

6

Le diagnostic a été posé : schizophrénie. Mon père a décrété : « Stéphane est malade à cause de toi. » Parce que j'avais quitté la maison, parce qu'il s'était réfugié dans le cannabis pour se consoler de mon départ, parce que j'avais dissuadé mon père de s'en prendre au dealer. Je me sentais accablée. Je savais que le jugement porté sur moi était injuste et injustifié, mais il me blessait quand même. Et je devais vivre avec. Je percevais beaucoup de jalousie et même de malveillance autour de moi. Dans ma famille, au boulot… Des coups tordus, certains bookeurs en font durant toute leur carrière. C'est un choix, ce n'était pas le mien. Je dors mieux si je me sais honnête. Mais surveiller ses collègues, anticiper leurs manigances, devoir rester attentif aux moindres détails pour qu'ils ne puissent jamais saisir leur chance de vous faire du tort, c'est assez fatigant, à la longue… Mon petit ami du moment vivait en Italie, il était étudiant. Alors j'ai fait plaisir à certains membres de l'équipe de booking d'Elite : j'ai négocié avec Gérald Marie la possibilité de conserver un revenu régulier en me chargeant des books des mannequins, contre quoi j'ai démissionné. Je suis partie à Milan…

Après quelques mois d'une vie morose – mon copain était trop « normal », avec lui, je m'ennuyais –, Gérald me demande de revenir à Paris : quatre des six bookeurs font scission et partent monter leur propre agence. Plusieurs mannequins qu'ils représentent, et avec qui ils ont noué une bonne relation, les suivent, d'autres envisagent de quitter Elite à leur tour… Il faut leur parler, les convaincre de rester, les retenir. Il faut gérer la crise. Comme j'hésite, il me demande même de prendre la direction de l'équipe de booking chargée du « développement » des filles, c'est-à-dire de les emmener au stade des top models, les égéries. Pour y parvenir, il faut d'abord savoir repérer quelle fille a l'étoffe d'une Linda, d'une Naomi, d'une Cindy, ensuite la mettre en valeur en la faisant travailler avec des photographes de grand talent, enfin accroître sa notoriété. Pour cela, rien ne vaut la couverture d'un numéro de *Vogue*. Mais tout le monde veut la couverture de *Vogue*, et chaque édition n'en publie que douze numéros par an… La concurrence est rude, même entre nous. À l'agence, je suis la seule femme avec le « grade » de directrice. Je me méfie un peu des autres, maintenant. Sur mon temps libre, je lis Machiavel, j'apprends l'art de la feinte, de la manipulation…

Le mur de Berlin tombe et le bloc de l'Est se fissure. Dans la mode, on ne comprend pas immédiatement quelle révolution cela impliquera pour nous : d'ailleurs, il faudra presque dix ans pour que les filles de l'Est arrivent sur le marché. Nous restons entre nous, dans le même état d'esprit glorieux. La Trinité s'est élargie. Avec aussi maintenant Tatjana Patitz, Nadja Auermann, Cindy Crawford, Claudia Schiffer, Karen Mulder, la bande des « supermodels » conquiert la planète mode. D'une part parce que les filles viennent de pays différents, avec des caractéristiques différentes qui plaisent à toutes les cultures, d'autre part grâce à leur point commun majeur : leur éclatante santé. Et en plus, elles sourient…

Le grand public les a découvertes grâce à Peter Lindbergh en 1988, dans le *Vogue* américain. Pour la première fois, elles étaient montrées au naturel, comme au saut du lit, en l'occurrence sur une plage, en culotte et chemise blanche – d'homme, large, cachant leurs formes –, les cheveux simplement rassemblés sur la tête. Pas de tenues glamours, pas de maquillage des grands soirs. Des copines qui auraient passé la nuit dans une cabane de plage à Malibu, qui se réveillent toutes fraîches d'un sommeil réparateur et qui s'éclatent encore. Dans cette tenue, elles ont juste l'air d'être des femmes comme les autres... mais en mieux. En tellement mieux ! Avec la couverture du *Vogue* anglais, deux ans plus tard, Lindbergh a enfoncé le clou. Les mannequins ont alors commencé à devenir célèbres. Elles sont maintenant des personnalités auxquelles les femmes s'identifient et ont envie de ressembler. Elles remplacent dans les colonnes des journaux les actrices qui ne font plus rêver. Et grâce à elles, tout se vend...

C'est à cette époque que Linda Evangelista – qui était alors l'épouse de Gérald Marie – a déclaré qu'elle ne sortait pas de son lit pour moins de dix mille dollars par jour... Il y avait de la provocation dans cette phrase, mais elle témoigne bien de la folie qui régnait autour de ces mannequins. La fonction d'agent dépassait alors de loin la simple négociation des contrats. Les filles travaillaient à un rythme d'enfer. Elles allaient d'avion en limousine, de studio photo en podium, de capitale en capitale... Il fallait à la fois organiser les choses pour qu'elles ne s'épuisent pas, et faire en sorte que leur image ne se dégrade pas à cause d'un épuisement qui les amènerait à craquer. Alors de mon côté, à mon simple niveau, j'assurais ma mission auprès d'elles. De mon confortable salaire, gonflé par les primes de fin d'année, je ne faisais pas grand-chose. Toujours je me demandais : « À quoi bon ? »

Je me sentais perdue. Une vieille copine de fac m'a appelée, comme ça, pour reprendre contact.

Elle était très installée dans la vie, stable, épanouie. Sa vie « normale » m'a fait envie... Elle m'a invitée à passer des vacances en Corse dans une maison qui appartenait à sa famille. Son mari serait là, bien sûr, et des copains, plusieurs copains sur qui elle disait pouvoir compter. Des bourgeois sympathiques. Sans le moindre lien avec mon milieu professionnel. J'ai dit banco, j'y vais. En effet, nous avons passé de bons moments. En effet, tous étaient accueillants, ouverts, agréables. Moins fantaisistes que les personnes que je fréquentais habituellement, mais aussi moins fatigants... Dans la bande, il y avait Thierry. Je me suis crue sauvée.

Thierry était plus ou moins clerc de notaire, un peu escroc malgré lui, il roulait en Porsche – décidément –, il jouait de la guitare, il aimait le rock. J'avais trouvé le mec presque idéal. Très vite, il est venu vivre chez moi. Voilà comment dépenser l'argent que je gagnais chez Elite. Le week-end, nous partions en Normandie pour voir la mer, les Pixies à fond dans la voiture, on prenait des bains de mousse en buvant du champagne. Thierry était « normal » à sa façon : solide (je le pensais, en tout cas), mais aussi rock'n'roll, pas ennuyeux comme mon petit ami d'Italie. Il s'est faufilé dans mon monde, voulait qu'on se marie, pas moi. Mais j'ai dit : « Un enfant, ce serait bien. » Un soir en rentrant du travail, alors que j'étais enceinte, je l'ai trouvé à moitié mort dans le salon. Les pompiers l'ont sauvé d'une overdose.

Alice est née en juin 1992. Thierry partait tout le temps, je ne savais pas où ni quand il reviendrait. Il était dépressif. Excessif en tout. Même quand il séjournait à Sainte-Anne pour se faire soigner, je ne savais pas quand il rentrerait. Mais je l'aimais. Je n'avais encore jamais rencontré un homme aussi attachant. Il mentait tout le temps, sur tout, à tout le monde, et donc à moi aussi, et je croyais ce qu'il me racontait. Découvrir la vérité – quand je la découvrais – me rendait dingue, mais je l'aimais. Et puis, il était le père de ma fille.

On ne partait plus en week-end au bord de la mer. Alice, je la regardais grandir avec un sentiment d'étrangeté. Je ne savais pas quoi lui dire sur son père et cela me mettait mal à l'aise. Je commençais à me lasser de Thierry et des montagnes russes qu'il me faisait escalader puis dévaler en permanence. J'avais mis au monde un enfant comme j'avais toujours agi, instinctivement, sans vraiment réfléchir à ce que ça impliquait pour la suite. Sans me pencher sur l'éducation que j'avais reçue ni m'interroger sur celle que je lui donnerais. Sans me demander si je saurais l'aimer comme il faut. Est-ce que cela existe, aimer comme il faut ? D'ailleurs, c'est comment, « comme il faut » ? Si Alice pleurait, je la regardais comme une poule qui a trouvé un couteau. Je me demandais ce que je devais faire, il ne me venait pas tout de suite l'idée de la prendre dans mes bras et de la cajoler. Mais j'étais là, auprès d'elle, je prenais soin de sa santé, nous avions de grandes discussions, son niveau de vocabulaire s'améliorait vite, elle m'épatait, et je choisissais avec rigueur les baby-sitters amenées à s'occuper d'elle, quel qu'en soit le prix. Je n'étais pas sauvée. L'est-on jamais ? Mais maintenant, je savais pourquoi – pour qui – je me levais le matin.

VI

Le monde d'Alice

1

J'ai lu Machiavel mais il faut croire que je n'en ai rien retenu. D'un autre côté, il n'était pas très au point sur la vie de bureau et l'égalité des sexes... Je me suis mise en congé quelques jours seulement avant mon accouchement, je suis revenue au travail deux mois après. Il n'en a pas fallu davantage aux bookeurs que je dirigeais pour devenir très proches de Gérald Marie.

J'ai eu un enfant, donc... La seule femme de l'équipe, qui plus est la directrice, s'est permis de quitter le bureau pendant neuf semaines, le temps de donner naissance à un enfant... Évidemment, ça se paye, non ? À mon retour, je constate que le service a été restructuré sans que j'aie pu donner mon avis. Je suis carrément mise sur la touche. Mon job consiste maintenant à organiser le concours Elite France en partenariat avec Canal+ : des jeunes femmes sont encouragées à envoyer une photo à la chaîne, nous sélectionnons les plus intéressantes, les faisons venir à Paris pour les faire poser et défiler, pour tester leur photogénie, leurs capacités et leurs motivations. Une grande soirée télévisée présentée par Jean-Luc Delarue est prévue, à l'issue de laquelle la gagnante obtiendra un contrat. Ce n'est pas une mission inintéressante, mais elle me met à l'écart du quotidien de l'agence dans ce qu'il présente de plus excitant : la vie auprès des mannequins. Et bien sûr, je perds une partie de ma rémunération, les primes reversées en fin d'année aux agents.

Je comprends alors qu'avant ma grossesse, les hommes d'Elite me considéraient quasiment comme un des leurs – je dis bien « un » des leurs, pas « une »... En apparence, du moins. Seulement voilà : en m'étant présentée au bureau des mois durant chargée de mon ventre de plus en plus gros, puis en m'absentant pendant plusieurs semaines, je suis juste devenue, à leurs yeux, une génitrice. Ou plutôt, ils m'ont réduite, eux, à ce seul rôle. Je me doute bien que cela les arrange. Qui va à la chasse... Je constate que je suis désormais une femme comme tant d'autres, quel que soit son milieu professionnel : obligée d'avaler des couleuvres pour ne pas perdre soudain ce qu'elle avait gagné en se formant, en progressant, en apportant la preuve de ses compétences, ni plus ni moins. Mais je ne proteste pas.

Au début des années 1990, aucune accusation d'agression sexuelle ou de viol n'a encore été portée contre Gérald Marie. Alors que je reviens sur ma vie de jeune bookeuse, plus de trente ans après, il est très compliqué pour moi de faire abstraction de ces accusations et du peu que j'en sais (qui ne dépasse pas ce que j'ai pu lire et entendre ces deux dernières années dans les médias et sur Internet, j'y reviendrai plus loin dans ce livre). De Gérald Marie à ce moment-là, en me mettant à nouveau dans la peau de la jeune Nathalie, voici ce que je peux affirmer : il est le patron de l'agence qui m'emploie, il est marié à Linda Evangelista, sa vie intime ne me concerne pas et d'ailleurs, ce n'est pas un sujet. Je ne sors plus jamais dans les boîtes de nuit, vraiment tristes depuis que les belles années du Palace sont finies, et je ne côtoie pas mon patron en dehors du strict cadre du travail. Et non, les soirées en boîte ne font pas partie du travail... Vers vingt heures, je rentre chez moi où je retrouve Alice pour lui donner son bain et sa purée du soir, puis je lui lis une petite histoire et je la câline jusqu'à ce qu'elle s'endorme. Il arrive que je ressorte en la confiant à une baby-sitter pour me rendre à un événement organisé par une marque, un créateur ou un magazine que j'apprécie, mais d'une manière générale, je participe peu aux mondanités, je ne vais pas aux cocktails, je reste dans les coulisses des défilés. Je n'ai jamais été très intéressée par les commérages et je n'y prête pas attention parce que je considère qu'à moins d'être directement témoin d'un fait, on imagine, on fantasme, on croit des choses, mais on n'est sûr de rien. Cependant, en tant qu'agent, je suis proche des mannequins dont j'ai la charge, souvent des débutantes, parfois très jeunes. Je ne me contente pas de négocier leurs contrats et de les accompagner, physiquement, en personne, à chaque étape de leur travail quand elles se trouvent avec moi à Paris : je les regarde, je les écoute, je sens lorsqu'elles ont une difficulté même si elles essaient de le cacher, et je sais les amener à se confier pour les aider. Je n'ai pas oublié ce qui m'est arrivé, à moi, à l'âge de quinze ans, alors que je n'étais qu'une future mannequin potentielle. Concernant les hommes, je suis en veille permanente. Pour moi, et pour « mes filles ». Ce que je sais et que je peux affirmer sans craindre, trente ans plus tard, de ne pouvoir me regarder dans une glace c'est qu'à aucun moment, pendant les années où j'ai travaillé avec Gérald Marie, je n'ai entendu parler de pressions exercées sur des mannequins pour qu'elles participent à des soirées au cours desquelles leur intégrité physique aurait pu être menacée. À aucun moment je n'ai été en contact avec une jeune mannequin qui m'aurait dit, voire seulement laissé entendre, qu'il lui était arrivé le même genre d'expérience malheureuse qu'à moi.

Pour ce qui me concerne directement, je me souviens que Gérald Marie m'a draguée deux fois alors que nous commencions juste à travailler ensemble. À chaque fois, je lui ai expliqué fermement que je n'étais pas intéressée, que nos relations se borneraient à un cadre strictement professionnel. Il n'a plus jamais insisté. Il n'a jamais eu ni parole ni geste déplacé vis-à-vis de moi non plus. Il a juste tenté sa chance, comme d'autres. Alors en 1992, quand je reviens de mon bref congé maternité et que je suis écartée de mon poste, ceci est parfaitement clair entre nous. Il n'est même pas besoin de revenir sur la question, il n'y a pas le moindre doute, aucun sous-entendu, rien à expliquer, à justifier. L'idée qu'il se venge parce que j'ai repoussé ses avances ne m'effleure même pas. On parle affaires, point.

Gérald Marie m'explique donc que mes anciens collègues l'ont convaincu de m'écarter de la table de booking, qu'il a accepté pour ne pas risquer de perdre une partie, voire la totalité de l'équipe. D'une certaine façon, il le regrette, car il reconnaît que je suis efficace dans mon domaine. Mais nous en sommes là et je n'ai pas mon mot à dire. Il estime qu'il n'a pas les moyens de forcer qui que ce soit à accepter d'être dirigé par moi. Autant dire par une femme. Je pourrais claquer la porte, trouver une autre agence qui m'embaucherait, j'en suis sûre, assez facilement, mais un tel coup d'éclat ne serait pas très raisonnable à ce moment de ma vie : je viens d'avoir un enfant, donc de nouvelles responsabilités, son père n'est pas stable, je ne peux compter que sur moi-même. Et puis j'estime que j'ai encore des choses à faire et à apprendre chez Elite, une agence majeure sur la place de Paris. Elite vise grand, il est question de créer des bureaux dans plusieurs autres villes d'Europe, je pourrais peut-être avoir mon rôle à jouer dans ce projet. Alors je serre les dents, je m'attelle à mes nouvelles tâches, la vie continue.

Comment ça se passe, à cette époque, pour les femmes dans la mode ? Eh bien, comme dans de nombreux milieux professionnels… Ma petite Alice, bienvenue dans un monde qui, pour toi comme pour moi, ne sera pas toujours facile. Des hommes m'ont déjà suggéré avec plus ou moins de subtilité que je pourrais améliorer ma situation facilement. Un grand classique. Si vraiment je suis trop naïve pour comprendre de quelle manœuvre il s'agit, je n'ai qu'à suivre leur regard. Depuis la naissance d'Alice, Bill Tatoum et Bob Turlip semblent plus appétissants encore. Pas de quoi me réconcilier avec mon corps. À l'école, j'étais la girafe, à l'âge de quinze ans, une proie, et maintenant, juste une femme de vingt-neuf ans qui serait trop bête de ne pas se servir de son principal atout, comme d'autres avant elle – comme si nous étions toutes faites du même bois, de la même ambition, comme si toutes nous usions gaiement des mêmes méthodes… Comme si nous étions de la viande disponible pour macho carnivore.

À ce moment-là, la petite musique de la misogynie ordinaire me berce et m'endort. Je ne relève pas ce que je percevrai plus tard, bien des années plus tard. C'est fou quand j'y repense aujourd'hui, à l'aune des années 2020, mais lorsque je suis démise de mes fonctions et que Gérald me livre des explications aussi pitoyables, je ne me dis pas que ma mise à l'écart est tout simplement inacceptable. Puisque la société tout entière consent à ce que la vie des femmes, à la maison comme au travail, soit rythmée par ce dénigrement et ce mépris permanents, puisque c'est ce mode de fonctionnement qui est la norme, alors ce qui m'arrive me paraît « normal ». Et puis il est vrai, aussi, que je croise des Florine. Des pseudo-héroïnes très balzaciennes. Des femmes qui se servent de leur corps comme d'une monnaie d'échange, avec une forme de cynisme, me semble-t-il. Mais après tout, si elles n'ont trouvé que ça ? Comment pourrais-je leur reprocher d'utiliser les atouts dont elles disposent alors que certains hommes les encouragent si fortement à en faire usage ? Je ne comprends pas qu'une femme choisisse son compagnon, pour un temps ou pour toujours, parce qu'il peut dégainer sa carte Gold à tout moment. Mais ce que font les autres de leur corps ne me regarde pas : tant que c'est leur choix, parfaitement libre et consenti, c'est leur affaire. Pourvu qu'elles ne nuisent pas à celles qui choisissent une autre manière d'avancer… Je pense à une certaine bookeuse qui collectionnait les amants bien placés dans les affaires ou le show-biz tout en multipliant les attaques à mon encontre afin d'assurer ses arrières. Faut-il croire que tout se paye ? Elle a fini vendeuse de vêtements, loin des tables de booking, des studios des photographes et des coulisses des défilés. Rien de déshonorant à travailler dans un magasin, mais je note qu'elle n'a pas suivi l'agenda de départ.

Deux ans plus tôt, le mur de Berlin à peine tombé, j'étais allée voir sur place comment les gens vivaient, comment ils s'habillaient, sur quelle musique ils dansaient. Je n'avais pas fait attention à la condition des femmes en particulier mais j'avais clairement perçu chez tous et toutes une formidable envie de liberté. Une volonté folle de créer, d'apprendre et de découvrir le monde. En France, j'en avais pris conscience, tout était possible. Puis j'avais donné naissance à une fille et les hommes à mon travail me l'avaient fait payer... Alice deviendrait une femme, comme moi, elle devrait travailler pour ne pas dépendre d'un homme, pour être tout à fait libre. Est-ce que ce serait plus facile pour elle que pour moi ? Je n'osais même pas l'imaginer. Je ne pensais pas une seconde que les femmes puissent obtenir, au moins en théorie, les mêmes droits que les hommes.

Ce que je savais des mouvements féministes alors se limitait aux rencontres avec quelques personnalités fortes croisées lorsque je fréquentais les boîtes de nuit parisiennes : des femmes qui luttaient surtout pour le droit d'aimer d'autres femmes sans s'en cacher. Si elles tenaient aussi un discours sociétal, politique, décorrélé de la sexualité, je ne l'avais pas entendu, ou pas compris. Je ne regardais pas dans la même direction qu'elles car j'ignorais que nous poursuivions un but commun. D'objectif, moi, je ne m'en étais fixé aucun. J'avais plutôt choisi un chemin, ou bien la route s'était ouverte devant moi et je n'avais eu ni l'idée ni l'envie de bifurquer. Un pas après l'autre, je progressais, bien campée sur mes deux jambes, sans écraser personne. Sans véritable conscience des limites que la société imposait aux femmes, à peine consciente en vérité qu'être femme me définissait aux yeux de la société, je gagnais chaque jour un peu plus ma liberté.

2

Ils sont partis sans rien emporter. Une valise, deux, trois vêtements, de quoi tenir quelques jours. Autant dire rien, alors qu'ils possédaient déjà si peu. Les quelques jours sont devenus des semaines, des mois, et maintenant des années. Ils ne retrouveront jamais le moindre objet, tasse, vêtement, le samovar, les chapkas, la nappe brodée de tournesols. Ils en parlent parfois, le soir, lorsqu'ils sont couchés. Ce sont les photos qu'ils regrettent, surtout. Celles de leur mariage et les premiers clichés de la petite, juste après sa naissance, dans l'appartement qui leur avait été alloué par le régime lorsqu'ils avaient pris leurs postes à Pripyat, à deux pas de la centrale. Heureusement, ils ont récupéré quelques tirages chez les grands-parents et d'autres membres de leurs deux familles qui n'ont pas été obligés de tout abandonner, eux, après l'explosion. Puisqu'ils habitaient plus loin, en tout cas assez loin, selon les autorités, pour se trouver à l'écart du danger. Mais pour Maksim, ingénieur à Tchernobyl, et sa jeune épouse Mariya, institutrice à Pripyat, il avait été conseillé de quitter les lieux dès le lendemain, et sans s'inquiéter, ils reviendraient. Des bus attendaient en bas des immeubles, d'autres familles s'y pressaient déjà. Alors ils n'ont pris qu'une valise. Les livres, les photos, les derniers jouets que leur fille Irina n'avait pas encore délaissés, non. Leur vie est restée dans le trois-pièces-cuisine, à portée de cendres.

L'Europe a assisté à la catastrophe de loin, comme si elle n'était pas concernée. Les scientifiques ont bien saisi l'ampleur du drame. Quelques esprits avisés ont alerté sur les conséquences à long terme de la radioactivité retombant sur la région d'abord, se déplaçant ensuite, à la faveur des vents, vers le nord puis vers l'ouest, et finalement sur une très vaste partie du monde. Ils ont appelé ça un « panache », comme les plumes sur les chapeaux, la belle image. Associée à l'inconscience face au danger, l'empathie des Occidentaux est venue buter sur un mur alors encore debout : il coupait Berlin en deux et tout ce qui se trouvait derrière donnait lieu à de funestes pensées. Dans l'imaginaire occidental, à tort ou à raison, il maintenait l'Union soviétique dans un autre temps, celui des privations – de nourriture, de santé, de confort et de liberté –, un autre mode de vie qu'on percevait en nuances de gris, de froid et de souffrances. Un autre monde dont on ne savait pas tout. Juste assez pour se réjouir de ne pas en faire partie. Dans les écoles soudain abandonnées de Pripyat, le portrait de Lénine est resté accroché dans chaque classe. Les jeunes filles comme Irina, les Sasha, Natalia, Nina, Olga, Anastasia, adolescentes déjà si grandes pour certaines, avec leurs membres fins, leurs pommettes hautes, leurs cheveux d'or et leurs yeux bleu glacier, ont suivi leurs parents loin de la centrale. Elles ont rejoint d'autres filles du pays vers un destin qu'aucune ne pouvait espérer. Elles ignoraient leur beauté. Elles n'imaginaient rien de l'Occident, de son économie, de ses richesses, elles se voyaient grandir et vieillir comme leurs mères avaient vécu, travaillant pour se nourrir, se vêtant pour avoir chaud, sans beaucoup regarder leur image dans les miroirs. Elles ne se doutaient pas que de l'autre côté du rideau de fer, l'industrie de la mode, en quête constante de nouveauté, leur ouvrirait, dès qu'elles se montreraient, le chemin des podiums et des studios photo.

En France, en fin de journée, on allumait la télévision et Marc Toesca accueillait ses téléspectateurs d'un « salut les p'tits clous » qui n'appartenait qu'à lui. Le « Top 50 » rendait compte du classement des meilleures ventes de disques dans le pays. Il le donnait à entendre et à voir de façon plus ou moins cinématographique : la prestation en play-back des interprètes étant simplement

« collée » sur un fond aux effets stroboscopiques incertains, ou enrichie de décors variés en lien avec l'histoire chantée. Un jour de 1990, surprise. C'est un véritable court-métrage[4] que découvrent les « p'tits clous ». Il commence par le bruit de l'eau qui s'agite dans une bouilloire et le grondement du tonnerre. Travelling latéral vers une pièce plongée dans l'obscurité : une coupure d'électricité à cause de l'orage ? Non, une femme blonde, coiffée à la garçonne, armée d'une télécommande, enclenche la musique. Simplement assise contre un mur dans un vaste appartement dépourvu de meubles et d'accessoires, à l'exception d'une chaîne stéréo massive, les genoux ramenés vers sa poitrine et les jambes croisées, elle martèle négligemment le sol de ses pieds nus au rythme de la chanson. Elle en connaît les paroles par cœur, les mime sans forcer, n'affiche aucune expression particulière. Elle est superbe. Son nom est Linda Evangelista. Bientôt, c'est Naomi Campbell qui entre dans une autre pièce, en sous-vêtements de sport et des rangers aux pieds. La pluie s'infiltre dans la maison, Naomi saute dans les flaques et danse comme on danse lorsqu'on est seul, dans un abandon total, un pur plaisir. Puis Christy Turlington, drapée de blanc, fantomatique, traverse avec mélancolie une enfilade de salons sans mesures,

4. Par David Fincher, qui réalisera plus tard les films *Seven*, *Fight Club*, *L'Étrange Histoire de Benjamin Button*, *The Social Network*... et des séries comme *House of Cards* et *Mindhunter*.

Cindy Crawford se prélasse langoureusement dans un bain, Tatjana Patitz fume une cigarette, ses yeux de louve plantés dans l'objectif de la caméra. Toutes portent la voix de George Michael, las de ne pouvoir être ouvertement l'homme et l'artiste qu'il sent vibrer en lui, et clament « freedom ».

Le mur de Berlin est tombé, les deux Allemagne sont réunifiées, l'Union soviétique se disloque. Le 1er novembre 1991, les Ukrainiens appelés aux urnes ont voté à 92 % pour leur indépendance. Maksim est retourné travailler quelques jours à la centrale, pour limiter les dégâts, sauver ce qui pouvait l'être. Les hommes qui œuvraient aussi là étaient encouragés à boire beaucoup de vodka afin de contrer les effets possibles des radiations, ils ne dormaient pas sur place, ils n'ont pas été autorisés à retourner chez eux. Heureusement, la mission fut de courte durée. Son épouse, Mariya, a beaucoup maigri. Il semble qu'elle ait des problèmes de thyroïde, mais elle est heureuse, plus heureuse qu'avant. Irina la soutient, le dimanche, lorsqu'elles marchent au bord de la mer Noire. Depuis que la famille est installée à Odessa, Mariya se prend à rêver d'un nouveau départ, pour Maksim, pour elle et pour leur fille qui leur ressemble si peu sinon dans ce qui l'inquiète : cette finesse des membres qui confine à la maigreur, ce teint de craie. C'est vrai qu'ils mangent peu. Et souvent les mêmes plats. Pour l'instant, la désorganisation liée au changement de régime a rendu les conditions de vie des Ukrainiens précaires, mais il y a quelques magazines de mode dans les kiosques, des jeans sur les étals des marchés, et il commence à se dire que rien n'est impossible, là-bas, à l'ouest, et que les jeunes femmes vivent comme elles l'entendent, même si elles ne suivent pas forcément de longues études. Il se murmure qu'elles gagnent beaucoup d'argent lorsqu'elles sont belles, qu'elles se retrouvent en photo dans les magazines des Français, des Italiens, des Américains, et qu'elles sont traitées comme des reines. Il se dit que l'égalité entre les êtres que prônait le communisme est davantage une réalité en Occident, les femmes n'étant pas soumises aux mêmes tâches physiques et ingrates que les hommes... Alors Mariya rêve pour sa fille d'une tout autre vie que la sienne.

3

La plupart des bookeurs d'Elite avaient sans doute lu Machiavel mieux que moi. Ils n'en avaient retenu que la méthode qui permet d'accéder au pouvoir : si nécessaire, délaisser la morale au profit de l'efficacité. Ils avaient oublié une chose importante : une fois qu'il a acquis le pouvoir, le Prince continue de manœuvrer pour le conserver. Les princes d'Elite se sont endormis sur leurs lauriers. Ils ont juste arrêté de travailler. Ils brassaient de l'air, organisaient des déjeuners, rencontraient les créateurs, les directeurs de casting, les photographes, mais ils oubliaient l'essentiel : les choisir selon leur talent et savoir les associer aux bons mannequins.

Alice n'a pas encore soufflé sa première bougie que Gérald me demande de réintégrer l'équipe. Sur le moment, mon orgueil manque de l'emporter. « Tu veux que je revienne à la table des crevards ?

Que je travaille avec ceux qui ont manigancé pour m'évincer ? » Il me répond avec une bonne foi désarmante : « Va déjeuner avec eux, demande-leur de t'expliquer ce qu'ils te reprochent ! » Alors je les réunis autour d'une table et je les écoute. L'un d'eux est transparent et j'en reste interloquée : « Si tu disparais, je gagne davantage. » Ils ne sortent donc aucun argument valable pour justifier de m'avoir écartée, je les quitte avant le café… J'en garde une certaine amertume, pas longtemps : pour mes affaires, c'est-à-dire mon travail, ce qui assure mon indépendance, ma capacité à m'occuper de ma famille, je suis capable de bien des concessions. Je reste chez Elite, je n'ai pas de problème à les croiser au bureau, nous travaillons côte à côte dans la plus parfaite indifférence, et cela me va bien. J'ai assez à faire ailleurs…

Les hommes de ma vie vont mal. C'est parce que je ne choisis jamais quelqu'un de « normal », selon mon psy. Il dit que je ne m'entiche que d'hommes compliqués pour pouvoir les sauver. Admettons. Moi, quand on me dit « normal », j'entends « ennuyeux ». Thierry est fantasque, il déborde d'imagination, il est intelligent. Il a les capacités de mettre en œuvre des projets. Mais il ne les mène jamais jusqu'à leur terme. Il se laisse embarquer par une nouvelle idée, une nouvelle rencontre, il se lasse de lui-même, déprime, puis s'emballe, et le cycle infernal recommence… Il passe rarement plus de six mois consécutifs dans un état de santé convenable. Avec lui, je ne me sens jamais en sécurité, et bien sûr, même s'il aime sincèrement sa fille, il n'est pas assez fiable pour s'occuper d'elle. Chez moi, un appartement du 17e arrondissement, il y a toujours une baby-sitter de confiance, même quand Thierry est là, et la plupart du temps, ça se passe bien. Sauf qu'il arrive, sans que j'aie vu la chose venir, qu'il se montre soudain excessif dans son comportement, dans ses enthousiasmes, ou dans son abattement. Parfois, la seule solution, c'est de l'hospitaliser. Il peut aussi disparaître pendant plusieurs jours sans prévenir. J'ignore alors où il est parti, et pour combien de temps. Puis il revient comme si de rien n'était. Je m'adapte. J'ai la chance de bien gagner ma vie, alors je rémunère les baby-sitters à la hauteur de leur disponibilité et de leur implication auprès d'Alice, fondamentales pour que je puisse continuer de travailler. Je ne sais pas combien de temps notre famille tiendra.

Ma famille, c'est aussi mon frère, malade. Je me rappelle un jour de crise psychotique où il menaçait de se blesser avec un couteau. Un autre où il se plaignait d'une odeur persistante et désagréable, comme une odeur de putréfaction. J'avais beau respirer à plein nez, je ne sentais rien. D'autres fois, il a cru fleurer quelque chose comme du caramel, le plastique brûlé, l'œuf pourri, la pluie… Des effluves fantômes qui n'existent que dans sa tête, mais qui existent bien pour lui puisqu'il les sent, et c'est se montrer violent que de lui dire « non, tu délires »... Il y a eu ce jour, aussi, où je l'ai emmené en promenade pour lui montrer qu'il y avait des oiseaux partout dans la nature, et pas seulement derrière sa tête, en train de le suivre comme pour le surveiller ou l'attaquer, ce dont il se disait convaincu. Peine perdue. Stéphane vit dans un monde parallèle, qui a de nombreux points communs avec le nôtre, auquel se superpose ou s'ajoute une autre réalité, celle que son cerveau invente. On ne peut pas lui faire entendre raison puisque cette réalité, en quelque sorte double, ou altérée, est aussi tangible pour lui que la nôtre. Celle que nous appelons vérité. La schizophrénie le rend incapable de suivre des études et de travailler. Il est relativement stable grâce aux médicaments, il ne faudrait pas qu'il arrête de les prendre.

La schizophrénie est une maladie sournoise. En dehors des épisodes de crise, elle se fait oublier, elle ne se laisse pas voir. J'écoute mon frère décrire ses sensations. Je le regarde, impuissante, vivre avec ses angoisses qui n'ont rien de rationnel pour moi ni pour nos parents. Ils sont terrorisés par ce mal qui loge en leur garçon, qu'ils ne comprennent pas et qu'aucun médecin ni soignant ne leur explique vraiment. J'essaie de me mettre à la place de Stéphane suivant ce qu'il me raconte : j'imagine que mes mains et mes bras se détachent de mon corps, ou que je suis aspirée par la bonde en même temps que l'eau de la baignoire. Ce ne sont pas des exercices pour m'amuser : je perçois bien, à la détresse de mon frère, qu'il ne fantasme pas ces situations, mais qu'elles s'imposent à lui. Le temps des crises, elles sont sa réalité, il n'y en a pas d'autre et il a peur, bien sûr, puisqu'il se croit alors en danger de mort. Mon père me juge responsable de la schizophrénie de Stéphane. Comment ? Pourquoi ? Je ne vois pas, mais je n'ai pas le recul nécessaire – la maturité ? – pour me détacher de lui, de son autorité toujours écrasante telle qu'il l'exerce sur ma mère et sur moi. Alors puisque c'est ce qu'il veut… je me sens coupable. Est-ce que cela soulage mes parents ? Est-ce que cela soulage mon frère ? Évidemment pas, mais cela me mène encore plus à partager leur souffrance. Dans mon désarroi, j'appelle une psy : « J'ai peur d'être schizophrène comme mon frère. » Elle me demande ce que je fais dans la vie : « Je suis chef d'entreprise et j'élève ma fille. » Elle éclate de rire. Apparemment, elle ne connaît pas de victime de cette maladie capable de gérer des employés et une enfant en même temps. Ses paroles me sauvent. Après les avoir entendues, je reste attentive à Stéphane et à mes parents, cependant j'essaie de ne plus endosser une peine qui ne m'appartient pas. J'ai la mienne, celle d'une sœur à qui la maladie a « volé » son frère unique, celle d'une fille dont les parents en ont fini pour toujours avec la légèreté et l'insouciance. Cette peine est bien assez lourde pour moi.

La maladie mentale peut se tapir en chacun de nous et s'éveiller à tout moment. J'en suis témoin dans mon travail. Lors d'une période de défilés, à Paris, plusieurs mannequins logent dans un vaste appartement loué par l'agence. L'une d'entre elles m'alerte : elle est inquiète, quelque chose ne tourne pas rond, Catherine parle au frigo. Je me souviens que je racontais ma vie au lave-linge dans la salle de bains de mes parents, je n'y prête pas attention. Mais quelques jours plus tard, ce sont des clients qui m'appellent. Elle aurait des comportements étranges. Et puis quelqu'un l'a vu s'adresser, avec beaucoup de sérieux... à un concombre. Je prends un prétexte quelconque pour faire venir Catherine au bureau. Elle arrive avec beaucoup de retard. « Je me suis perdue, mais ça va. » Nous commençons à discuter de tout et de rien, elle tient des propos incohérents, une histoire de cave – pourquoi serait-elle allée dans une cave ici, à Paris, en pleine période de défilés ? –, puis je la vois sortir de son sac à main des clous et des ficelles. Elle dit : « Voilà, ce sont des preuves. » Mais des preuves de quoi ? Il n'y a rien à comprendre dans son discours. Je renvoie les salariés du bureau chez eux et j'appelle discrètement les urgences psychiatriques qui l'emmènent à Sainte-Anne. Je préviendrai ses parents qui viendront la chercher. Je me doute que c'est le début d'une errance médicale et j'espère qu'elle sera bien entourée. Trois jours plus tard, je règle ses frais médicaux et bien sûr, sa carrière de mannequin s'arrête là. Sa maladie mentale, quelle qu'elle soit – mais je pense qu'elle ressemble à celle de mon frère –, l'oblige, pour un temps au moins, à se mettre en retrait.

Lorsque j'étais enceinte d'Alice, mon père a décidé qu'il serait bon d'emmener Stéphane vivre à l'écart de la ville. De l'installer au calme, à la campagne. Il a acheté une petite maison dans le centre de la France. Elle est située loin de la ville, cernée de champs où paissent des vaches et poussent des arbres fruitiers. À part ça, le désert. Là-bas, il n'y aurait pas de tentation de prendre de la drogue pour Stéphane, pas de mauvaises rencontres possibles, la vie serait plus facile, et puis tout y coûte moins cher qu'à Paris. On ne me demande pas mon avis, bien sûr. Mon père ne s'inquiète pas de savoir ce que je pense de lui et de ses choix en général, mais il s'autorise toujours à me juger. Il me méprise un peu d'exercer un métier superficiel à ses yeux, et il n'aime pas Thierry, mon compagnon. Je ne fais donc, moi, que des mauvais choix. C'est comme ça qu'il voit sa fille : responsable de la maladie de son frère et inintéressante.

Désormais retraité de l'armée, il a monté une affaire avec « une amie » : ils achètent des voitures anciennes en mauvais état, les font retaper et les revendent aux enchères. Un jour, ils descendent tous les deux depuis Paris vers cette maison où mes parents envisagent alors de s'installer. C'est la femme qui conduit, mon père a baissé le dossier du siège passager et s'est endormi. Elle perd le contrôle du véhicule, s'encastre dans une buse, un de ces énormes tuyaux de béton posés sur le bord de la route en attendant de servir aux travaux en cours. Elle meurt sur le coup, lui s'en sort indemne. Peu après, il emménage dans la maison en rase campagne avec son épouse depuis plus de trente ans, et Stéphane. Il répandra les cendres de sa maîtresse au pied d'un arbre du jardin, c'est dire si ma mère a l'esprit ouvert. C'est dire la capacité démente de cette femme à pardonner. C'est dire si elle aime son homme…

Elle est une grand-mère attentive et tendre pour Alice. Elle adore lui préparer des gâteaux, et même en cuisiner avec elle dès qu'elle sait tourner une cuillère dans un saladier rempli de farine, et tant pis si elle en renverse partout. Avec ma mère, tout est prétexte à s'amuser, la petite adore. Elle lui raconte des histoires, lui offre des cadeaux. De mon point de vue, elle est meilleure dans ce rôle qu'elle ne l'a été dans celui de mère. Plus attentive. Plus généreuse, dans le sens où elle donne toute sa disponibilité à Alice, en oubliant ses propres besoins et désirs. Il paraît que c'est assez classique. En tant que jeune mère plutôt seule, je suis contente de pouvoir me reposer sur elle, et même sur mon père puisqu'il est présent dans cette maison qui me fiche le bourdon chaque fois que j'y mets les pieds. Je me suis toujours sentie différente d'eux. Résolument citadine, curieuse des autres, avide d'art, de création, j'aime être étonnée et nourrie par des rencontres, de la nouveauté. Ce n'est pas le luxe que je côtoie qui m'attire dans mon travail, mais bien le soin que j'apporte à chacune de mes mannequins, au quotidien. Mes parents, eux, se renferment sur eux-mêmes. En déménageant à la campagne, mon père a beaucoup changé. Il aimait voir du monde : il s'est complètement isolé. Il s'intéressait à l'art : il a renoncé à voir des expositions et il ne peint plus. Il aimait l'agitation parisienne, regarder les gens : il reste cloîtré dans le salon de la maison de campagne devant la télévision. Il est peut-être déprimé, je ne sais pas, il ne se plaint pas, il ne dit rien de ce qui lui passe par la tête. Et sincèrement, ce n'est pas mon problème. Ça ne me regarde pas. Quoi qu'en dise mon psy, je ne suis pas venue sur Terre pour le sauver.

J'ai un déclic. La femme que je suis et mon enfant d'abord. J'essaie de préserver une certaine unité familiale autour d'Alice. Je me retiens d'exiger de Thierry qu'il boucle pour de bon ses valises.

4

Irina part en vacances. À seize ans, elle n'a jamais pris l'avion, elle est terrorisée. Ses parents la serrent une dernière fois dans leurs bras et la poussent vers le groupe d'adolescents eux aussi prêts pour le grand départ. Ils prendront d'abord un car jusqu'à l'aéroport, puis un Tupolev jusqu'en France, et de là un bus, encore. La famille qui va accueillir leur fille pendant quelques semaines leur a envoyé une lettre et plusieurs photos. On y voit le couple, des agriculteurs, éleveurs de vaches laitières, leur fils, un peu plus jeune qu'Irina, leur fille, adolescente aussi, ronde et blonde, un modèle de santé. On est donc bien nourri dans cette région de France qu'on appelle le Limousin. Maksim et son épouse espèrent que leur fille profitera de ce séjour pour prendre des forces, quelques kilos surtout. Ils ne savent pas si l'accident nucléaire, des années plus tôt, est bien la cause de sa nature chétive ; ils craignent, sans oser en parler, que le médecin de l'hôpital ne leur dise pas toute la vérité. Il est vrai que l'enfant n'a pas été exposée plus de vingt-quatre heures aux radiations. Cela suffirait donc ? Mariya grossit trop par périodes, puis maigrit subitement, son poids ne se stabilise jamais. La faute à sa thyroïde, lui a expliqué le docteur, cette glande située à la base du cou qui produit deux sortes d'hormones. Elle cause des problèmes de poids à bien des gens, et tous n'ont pas vécu à Pripyat, alors... Quant à Maksim, il a déjà dû être soigné pour des ulcères, mais s'il avait été plus raisonnable sur l'alcool, il n'en serait peut-être pas là. Maintenant, il fait plus attention.

Irina n'a pas parlé ni même souri pendant trois jours après son arrivée. Elle a découvert les vaches, les oies, elle a pris les lapereaux dans ses bras, observé comme des rats nus une portée de chatons juste nés, a bien compris pourquoi ils ont aussitôt disparu. Elle a consolé la mère qui semblait les chercher partout. Irina suit maintenant la fille de la famille d'accueil et détourne simplement la tête quand cette dernière embrasse son petit ami, derrière la grange ou sur le chemin des pommiers. Le matin, réveillée tôt dans le lit jumeau à côté de celui de sa nouvelle copine, elle regarde les affiches sur les murs de la chambre. Ce sont surtout des hommes en blouson de cuir. « Des chanteurs », a dit Mélanie en nourrissant une machine de galettes noires et luisantes. « Lui, c'est Étienne, il est d'ici, français. Eux, maquillés comme des filles et les cheveux en pagaille, ce sont des Anglais, les Cure. » Le mange-disque diffuse une chanson, Irina entend pour la première fois la langue de l'ennemi historique. « *We are the champions of the world.* » Elle ne comprend pas les mots. « Lui, c'est Freddie. » Freddie Mercury, qui est mort. Quelques mois avant Claude, le cartomancien du Mans qui s'amusait à lui ressembler, le chanteur est décédé d'une pneumonie, une des infections qui emportent les malades du sida. Irina apprend l'existence de l'épidémie. Le sida n'est pourtant pas absent de son pays, il cavale, même, dans ces milieux dont la jeune fille ignore tout : la drogue, la prostitution...

Ainsi est le monde dans les années 1990. Irina, Mélanie et la petite Alice, encore inconsciente du grand chaos, peuvent garder espoir : les artistes d'Amérique et d'Europe s'unissent pour alerter sur l'importance de se protéger lors des rapports sexuels, mais aussi pour lutter contre les préjugés liés à l'infection. En France, les différentes associations et fondations qui œuvrent déjà en ce sens créent un collectif : Ensemble contre le sida. Ils organisent, le 7 avril 1994, le premier Sidaction. Les grandes chaînes de télévision font front commun, multiplient les programmes et les appels aux dons. L'équivalent de quarante-cinq millions d'euros – alors en francs – est récolté au bénéfice de la recherche et du soin aux malades. Une comédienne, la populaire Clémentine Célarié, embrasse à pleine bouche un jeune séropositif. Le message est limpide : on ne contracte pas le VIH en touchant les personnes atteintes du virus. Les traiter comme des pestiférés, c'est faire acte de bêtise et de cruauté, ni plus ni moins. À l'heure des prémices d'Internet, la connaissance du monde se limite encore pour beaucoup à ce qu'ils voient à travers l'écran de leur télévision. Les jeunes citadins la regardent peu, les adultes bien rangés pensent toujours qu'ils ne sont pas menacés. Il en faudra encore, des gestes forts, pour que tout le monde comprenne. Pour l'heure, le sida peut se répandre en toute tranquillité. Dans le Limousin, on a vite fait de penser que c'est une maladie de Parisiens. D'ailleurs ils portent du noir, tous, c'est la grande mode, à croire qu'ils sont en deuil tout le temps, comme les chanteurs sur les murs de la chambre de Mélanie. Un Belge nommé Martin Margiela préfère le blanc, lui, mais il pousse jusqu'à la caricature la noirceur de l'époque. Ses défilés ont lieu sur des terrains vagues, dans des stations de métro crasseuses, le visage des mannequins caché par un masque, une perruque, un maquillage excessif ou des lunettes. Il détourne et transforme des matériaux de récupération pour en faire des habits apparemment sans structure et dont certains sont tellement grands que le mannequin disparaît sous eux, se dilue en eux. Le créateur se mobilise contre le sida : il commercialise au bénéfice de l'association Aides France un tee-shirt sur lequel est sérigraphiée la phrase suivante : « Il y a mieux à faire pour combattre le sida que de porter ce tee-shirt, mais c'est un bon début. » La phrase est lisible lorsque le tee-shirt est plié d'une certaine façon. Déplié et porté, on n'en voit que des bribes, ce qui suscite la curiosité et le dialogue… Invité par un musée hollandais à exposer ses vêtements emblématiques, Martin Margiela les trempe dans un bain de bactéries et les laisse en extérieur : ainsi, ils changent d'apparence en permanence, ils vieillissent prématurément, ils se dégradent. Meurent-ils ?

Dans les bureaux d'Elite, à Paris, ça sent souvent l'ail. Les photographes, les stylistes, les bookeurs qui se savent séropositifs en consomment, cru et en quantité. Ils ont entendu dire que le bulbe a des propriétés anti-inflammatoires et antibactériennes. Ce serait bon pour les poumons, notamment. Alors ils croquent des gousses d'ail avec l'espoir de retarder le déclenchement des pathologies directement liées au sida.

Dans sa ferme du Limousin, l'agricultrice, chaque soir après la traite, fait bouillir deux litres de lait frais, filtre les quelques impuretés qui ont pu glisser jusque dans la casserole, y mélange une poudre chocolatée. Elle rit de la finesse des poignets d'Irina. « Ma parole, si tu continues de grandir sans jamais t'épaissir, tu finiras top model, ma pauvre ! » Top model, pour une fille de Tchernobyl, on pourrait imaginer pire destin.

5

À Paris, à Milan, à New York, les créateurs commencent à multiplier les collections pour élargir leur clientèle. Et pour se faire remarquer lors des défilés, ils recherchent en permanence la nouveauté. Avec leurs pommettes hautes et saillantes, leur peau diaphane, leurs membres fins et leurs grands yeux de chatte, les filles de l'Est sont la nouveauté. La beauté… Bien sûr, Linda, Naomi, Cindy ont toujours la cote, mais ce sont désormais de véritables stars qui éclipseraient quasiment les vêtements qu'elles sont censées mettre en valeur, et sur le plan financier, elles sont déjà presque devenues intouchables. Claudia Schiffer, Karen Mulder, Laetitia Casta, Kate Moss, Estelle Hallyday, Inès de La Fressange, Helena Christensen, Elle Macpherson, Tyra Banks et bien d'autres encore les talonnent. Toutes sont incroyablement belles dans le style recherché par les créateurs et les photographes à cette époque. Elles sont grandes et minces, évidemment, mais aussi sexy parce qu'elles ont des formes, de vraies formes de femme, même en taille 36. Quelques physiques androgynes commencent à percer – Stella Tennant, Kirsten Owen –, mais ce sont encore des beautés purement féminines qu'il s'agit de dénicher, partout dans le monde.

Je ne voyage pas pour découvrir de nouveaux mannequins aussi belles que Karen Mulder ou Nadja Auermann, mes deux vedettes au sein de l'agence Elite ; j'ai la chance qu'elles arrivent à moi par l'intermédiaire de mes collègues explorateurs. Dès l'ouverture – même relative – du bloc de l'Est, les équipes de scouting des agences se chargent d'aller y dénicher de potentielles futures tops. Normalement, ils arpentent les centres commerciaux, les galas de danse, les compétitions sportives amateurs, les concerts, les campus universitaires, les jardins publics, les bibliothèques, les plages, partout où se regroupent les jeunes des villes. Dans les pays de l'ex-URSS, ils interrogent surtout les agences locales qui s'organisent progressivement de façon professionnelle. Les Français se font montrer les books, ils convoquent les éventuelles recrues… qui n'habitent pas toujours tout près de l'agence en question. Il faut alors leur payer le train, le bus, patienter des jours à Moscou pour les voir enfin, en vrai, et parfois n'en retenir aucune.

Lorsqu'il rentre de Russie, d'Ukraine, de Lettonie, de Biélorussie, mon confrère de l'agence indépendante Metropolitan, le tout premier à tenter l'aventure du scouting à l'Est, me raconte. D'abord, il doit passer les barrières administratives, obtenir les visas pour voyager dans ces pays très récemment ouverts aux étrangers, et montrer partout patte blanche face à des autorités méfiantes vis-à-vis des Occidentaux. Ensuite se pose le problème de la langue : Aymeric apprend le russe avec patience, mais les filles de l'Est, elles, ne parlent pas un mot d'anglais, ni de français bien sûr. La communication n'est pas simple... Il me parle des valises pleines de boîtes de Polaroid qu'il emporte pour tester leur photogénie en direct... à condition que le tirage, aussitôt sorti de la boîte et révélé par la lumière, ne soit pas flou. Avant l'ère des appareils numériques et même des ordinateurs, il doit noter les moindres détails dans un cahier : si les autres membres de son agence se disent partants pour faire travailler une fille par la suite, il faut encore pouvoir la retrouver parmi les tas de photos et les listes de noms ! Faire venir une toute jeune femme du fin fond de l'Ukraine sur la seule foi de deux ou trois clichés de qualité médiocre représente un risque financier important pour les agences. Mais faire voyager un book de Moscou à Paris par Federal Express ou par UPS, juste pour vérifier que la mannequin présélectionnée vaut l'investissement, constitue déjà, en soi, un investissement... Et ça ne s'arrête pas là : lorsqu'elles arrivent à Paris, elles sont habillées, coiffées et maquillées à la mode de leur pays, voire de leur région. Elles n'ont que peu de chances de plaire aux clients. Avant de les leur présenter, il faut donc aller leur acheter d'autres vêtements, les faire passer chez le coiffeur, leur apprendre en urgence à se maquiller sans trop en faire, et aussi quelques rudiments d'anglais. Elles sont logées, nourries, habillées, formées et soignées aux frais de l'agence. Enfin, il faut les accompagner partout dans la jungle parisienne dans laquelle elles se sentent souvent complètement perdues, au point que certaines, si on ne les rassurait pas, repartiraient sans délai dans leur pays.

Les scouts vraiment doués ont l'œil pour repérer les filles qui sauront se faire une place dans le milieu. Parce qu'elles plairont aux créateurs, bien sûr, mais aussi parce qu'elles sauront s'adapter à notre culture sans perdre la tête. Les bons agents prennent garde à ce que les adolescentes et toutes jeunes femmes qui suivent des études dans leur pays puissent continuer jusqu'à ce qu'elles obtiennent leur diplôme : c'est sur le savoir que misent la plupart des familles pour améliorer leur condition, pas sur la profession de mannequin, trop incertaine et souvent bien courte. Je sais qu'Aymeric ne choisit de « déraciner » que des filles dont il est sûr qu'elles travailleront assez pour que le sacrifice de quitter leurs proches et leur pays en vaille la peine. Grâce à lui et grâce à d'autres scouts, les agences parisiennes enrichissent leur panel de futures grandes professionnelles : Eva Herzigova et Adriana – future – Karembeu sont découvertes en Tchécoslovaquie, Natalia Semanova en Russie, Irina Pantaeva en Mongolie… À la fin des années 1990, la Russe Natalia Vodianova viendra d'elle-même s'installer à Paris après avoir appris l'anglais dans son pays, et Tanya Ruban quittera l'Ukraine pour faire une belle et longue carrière internationale… Quant à moi, j'aurai ma vedette aussi : Colette Pechekhonova, de Saint-Pétersbourg.

6

Branle-bas de combat dans la ferme des voisins. Elle n'est plus exploitée : c'est un couple de Parisiens qui est venu s'installer là, des gens à la retraite, avec leur fils. Il paraît qu'il est malade. Que c'est la raison pour laquelle il ne travaille pas. Il a l'air plutôt en forme, pourtant. Et lorsqu'il part en voiture avec ses copains, les gitans du coin, il a surtout l'air d'aimer s'amuser. Voilà : c'est un fainéant, le Stéphane, ses parents se font bien abuser, et puis c'est tout.

Pourtant non, les parents de Stéphane s'inquiètent à juste titre : leur garçon n'est pas rentré depuis plusieurs jours, alors ils rendent visite à toutes les familles des alentours. « Vous l'avez pas vu ? Non ? C'était quand la dernière fois que vous l'avez vu ? Vous êtes sûrs ? » Parfois, ils répondent eux-mêmes aux questions qu'ils viennent de poser. « Ça fait déjà trois jours. Trois jours, ce n'est pas son genre. Il s'arrange toujours pour nous prévenir quand il va être en retard. Et puis il n'a pas d'argent. On le sait bien, qu'il n'a pas d'argent. On ne lui en donne pas. Pour qu'il ne fasse pas n'importe quoi ! Pensez, avec sa maladie… » Sa maladie, les voisins ne la comprennent pas, mais la plupart compatissent avec Odette et son mari, sincèrement inquiets pour leur fils, adulte mais malade, et donc un enfant pour toujours.

Nathalie non plus ne sait pas où trouver Stéphane. À Paris, à Issy-les-Moulineaux, elle est allée partout où elle avait imaginé pouvoir le croiser, elle a interrogé toutes leurs connaissances communes, elle a alerté la police qui a assuré ne rien pouvoir faire, son frère étant majeur et toujours autonome, pas officiellement sous tutelle, un homme libre… Dans ces conditions, il n'y a plus rien à faire qu'attendre, avec l'espoir qu'il ne se mette pas en situation de danger et qu'il ne s'en prenne à personne. Nathalie travaille d'arrache-pied auprès des nouvelles recrues, d'où qu'elles viennent, mais aussi avec les « anciennes » que ses collègues bookeurs ont tendance à oublier. Elle les remet sur le devant de la scène et s'en voit félicitée par le directeur financier d'Elite. L'ambiance n'en est que plus pénible au bureau. Elle reste la seule femme dans un monde où ceux qui décident sont des hommes. Des hommes qui gagnent leur vie grâce à des femmes auxquelles ils ne demandent que deux choses : être belles et se taire.

Une fin d'après-midi, dans l'open space, il y en a plusieurs pour se boucher ostensiblement le nez autour du bureau de Nathalie. Elle est sortie depuis des heures, enchaîne les rendez-vous à l'extérieur, mais un grand type est installé dans son fauteuil et paraît très à l'aise, comme chez lui. Il est sale, hirsute, débraillé. Un clochard. Une question se pose : qui l'a laissé entrer ? Incroyable mais vrai, c'est le patron, Gérald Marie en personne. Nathalie arrive. Elle découvre son frère, en sale état, certes, mais assez clairvoyant pour être venu sonner à la porte de son bureau. Il ne paraît pas comprendre qu'on le cherche depuis des mois, il ne sait pas dire où il était ni avec qui. « Allô maman ? Ne t'inquiète plus, Stéphane est avec moi. »

Stéphane n'est sans doute pas allé bien loin. Il a arrêté de prendre ses médicaments, il a perdu le fil de sa vie, de ses parents qui se souciaient trop de lui, il a cru prendre ou reprendre sa liberté. En y renonçant maintenant, il retrouve au moins la sécurité. De son côté, Nathalie s'apprête à faire exactement le chemin inverse : renoncer à la sécurité, mais voler de ses propres ailes.

VII

Affranchie

Je n'ai jamais aimé les corps. Je ne les trouve ni laids ni beaux. Je n'ai pas d'avis sur eux. C'est à peine si je les distingue. Je note leur hauteur. Je perçois la finesse des attaches, leur légèreté, les mains longues, les phalanges qui semblent reliées par des fils, les pieds menus, les fémurs à peine cernés de chair. Mais la maigreur n'est jamais devenue un culte. La maigreur n'est pas ma norme. Je trouve tout à fait minces des femmes qui ne pourraient pas être mannequins, que je croise dans la rue, dans mon travail, qui sont simplement « normales » selon les critères que la société accepte. Quels que soient leur taille, leur tour de poitrine ou leur poids, je ne les vois pas autrement que minces... si je fais l'effort de les regarder. Si elles me demandent un avis. Si je compare mon propre corps au leur. Parce que le mien a changé avec le temps. Ma taille s'est épaissie, mes seins sont devenus encore plus lourds, je ne fais toujours pas de sport. Et puis je suis gourmande.

Un corps, ça sert, c'est un outil. Ça avance, ça porte, ça dort et ça fournit de l'énergie pour penser. Je préfère les têtes. Un visage, avec ses expressions, est pour moi comme un livre. Il me parle, me touche, me séduit, ou pas, mais en tout cas il me laisse rarement indifférente. Lorsque j'ai débuté dans le métier d'agent, j'ai souvent constitué des books de photos en plan serré, exclusivement. Marilyn Gauthier m'a expliqué que ce n'était pas bon. Que les directeurs de casting amenés à feuilleter le book de telle ou telle mannequin cherchaient bien plus qu'une bouche, un nez, deux yeux. J'ai compris sans comprendre : pour eux, le corps aussi est une sorte de livre. Un cahier vierge. Ils veulent pouvoir y écrire l'histoire de leur création, ils doivent, pour le choisir, en connaître les contours. Il fallait les corps, donc. J'ai accepté les règles du métier, par obligation. J'ai travaillé auprès des mannequins pour que leurs corps soient choisis par les maisons de couture et les photographes. Mais j'ai veillé à ce qu'ils soient respectés, qu'ils servent de vecteur à une démarche artistique, avec humour, même, à l'occasion, pourvu que jamais ils ne soient traités comme des paquets de viande. Certaines jeunes femmes ont la capacité de susciter naturellement, spontanément, le respect qui leur est dû. C'est sans doute une question de confiance en soi, ou de charisme. D'autres, surtout quand elles sont jeunes, ont besoin d'être entourées et soutenues à chaque étape. Si l'on manque à sa mission, dans ces cas-là, c'est le corps qui trinque.

J'ai vu des corps en souffrance, d'autres qui ne souffraient pas mais qui en avaient pourtant tout l'air. Des filles dont on avait tôt fait d'affirmer qu'elles s'affamaient pour pouvoir travailler comme mannequins et répondre aux critères du marché. Il s'était passé l'inverse : certaines étaient devenues mannequins parce qu'elles étaient minces de constitution et s'en trouvaient bien, sans être anorexiques pour autant. D'autres, au contraire, survivaient avec peine, touchées par cette maladie. J'avais voulu, moi aussi, enfant, disparaître. J'y étais parvenue, en quelque sorte, puisque mon père m'avait représentée squelettique et hagarde. Vide de chair et de volonté propre. Pourtant, il m'avait peinte, c'est donc bien qu'il m'avait vue, qu'il y avait quelqu'un à voir... Que disait mon corps d'enfant ? Contre qui ou contre quoi avait-il cherché à protester, déjà ? Je ne l'ai jamais su, mais j'ai su voir, chez d'autres, que quelque chose n'allait pas. Quand ce n'était pas le corps qui donnait l'alerte, c'était l'attitude.

Il y a eu cette fille, venue des Pays-Bas à Paris, dont je m'occupais. Elle était odieuse avec moi, comme avec tout le monde dans le milieu. Elle arrivait toujours de mauvaise humeur aux rendez-vous, quand elle n'annulait pas au dernier moment. Elle pestait contre les maquilleuses, détestait les vêtements qu'on lui demandait de porter, refusait les consignes des photographes. À la fin, elle faisait capoter tous les boulots que je lui confiais. J'ai passé des heures avec elle, à la faire parler, à l'écouter, à la regarder vivre, pour essayer de la comprendre. Il me semblait bien qu'elle n'était pas juste une petite fille capricieuse. Quelque chose en elle provoquait comme un écho en moi. Une douleur non dite, et donc non reconnue. Elle a fini par se confier. Son grand-père l'avait violée. Parce qu'elle était trop jolie ? Voulait-elle se punir d'être trop jolie, et donc responsable de l'inceste commis par son grand-père ? C'est bien sa propre carrière qu'elle sabordait, sa vie à elle, pas celle du coupable. Je lui ai parlé d'elle, tout entière, et pas seulement de son corps et de son visage. « Ce n'est pas parce que tu es belle que tu dois être mannequin. » Je l'ai incitée à consulter un psy et à porter plainte. Elle est rentrée dans son pays, j'ignore ce qu'elle est devenue par la suite, si elle a engagé des poursuites, si elle a accepté sa beauté, si elle s'est pardonné alors qu'elle n'avait rien, évidemment rien, à se reprocher. Je me souviens d'une autre, plus jeune. Encore mineure, elle venait donc toujours travailler à Paris accompagnée par un de ses représentants légaux. En l'occurrence, son père. Il dormait dans la même chambre qu'elle, à l'hôtel. Au moment de la réservation, il demandait un lit double, insistait toujours sur ce point : pas de lits jumeaux. La femme de ménage avait rapporté l'information suivante à son agent : elle avait trouvé des préservatifs usagés sur la moquette. J'ai essayé de parler seule à seule avec la jeune fille, hors de la présence de son père. Il n'y a pas eu moyen : elle a refusé. Bien sûr, il n'a plus été question de la faire travailler, et donc de créer les conditions pour que son père abuse davantage d'elle. Mais après ? J'ai contacté ses agents dans son pays – elle était américaine, ils m'ont dit qu'ils allaient s'occuper d'elle. Je n'ai pas su si elle était parvenue à se défaire de son emprise ni si son père a été puni pour son crime.

C'est par le corps que les hommes blessent l'âme. Souvent, ça ne se voit pas. Le corps est un outil habile à garder les secrets. Une boîte d'écho qui reste sourde. Jusqu'à ce qu'il s'effondre, le corps ne parle pas. C'est peut-être pour cela que je n'aime pas les corps.

* * *

Longtemps, à travers le temps, quels que soient son milieu, sa culture, la femme a été limitée à cela : un corps, de la matière, si possible douce et agréable à contempler, à peine plus qu'un objet dans le décor. Un corps qui ne prend pas trop de place. Un corps mince, avec quelques ajustements possibles… Aux États-Unis, à la fin du XIXe siècle, la femme idéale est représentée grande et plutôt fine, mais sa poitrine haut perchée dans son corsage semble aussi généreuse que sa taille est de guêpe. On l'appelle la « Gibson Girl », du nom de Charles Dana Gibson, illustrateur américain. Elle tient souvent un livre entre ses mains, parfois même un journal. Elle étudie, elle s'informe, elle s'autorise un avis qu'elle partage volontiers avec son mari et les amis de celui-ci. Qui l'écoutent, avec politesse au moins, et quelquefois s'en trouvent bien divertis. Elle est un modèle féminin légèrement évolué, donc, une compagnie agréable dans sa conversation comme dans ses atours, l'image même de la maternité épanouie, de l'épouse attentive et sereine. Elle sait rester à sa place : il ne lui viendrait pas à l'idée de réclamer le droit de vote – tout de même ! – mais puisqu'elle n'est pas non plus domestique ni paysanne, elle limitera le nombre de ses descendants. Elle ressemble un peu à celle que mon père aurait aimé trouver en moi : elle ne travaille pas – et surtout pas dans un milieu aussi futile que la mode –, elle s'en remet à son homme pour qu'il prenne soin d'elle... Son homme, il sort le soir, une fois par semaine, ou par mois, c'est selon ses besoins, il se rend au club. Il satisfait son envie bien naturelle de faire société : il entretient ses relations et passe du bon temps. Comme je suis heureuse de ne pas être née en 1863 mais un siècle plus tard, et d'avoir échappé à ce triste schéma !

Mon corps, depuis des années, je l'habille la plupart du temps d'un jean et d'un tee-shirt noir.

Je sais par quoi les femmes ont dû passer pour que je puisse en arriver là. D'abord les jupes un peu moins longues, avec cet avantage que les talons des souliers ne se prenaient plus dans l'ourlet. Dès septembre 1914, les ateliers des maisons de couture ont participé à l'effort de guerre en confectionnant des uniformes ; les usines produisant lin et laine, dans le nord de la France, ont subi des bombardements et peinaient à fournir les matières premières nécessaires à l'industrie textile. Par défaut, la bourgeoise s'est couverte de soie. Mes tee-shirts, je les achète dans la grande distribution et ils sont en coton. C'est plus modeste, mais je considère que j'ai de la chance. Au moins, je ne suis pas obligée de retenir ma respiration à cause d'un corset. Si j'avais été femme en 1914, comme les hommes étaient partis au front, j'aurais au moins pu travailler, adopter une tenue plus adaptée à mes mouvements, à mes nouveaux besoins. Dans les magazines de mode, l'ouvrière, l'infirmière ont fait leur apparition. Modèle d'abnégation, la travailleuse affirmait déjà par son efficacité qu'elle ne saurait simplement rentrer à la maison, après... Elle était courageuse, forte, et cependant toujours si femme. J'aurais presque pu lui ressembler...

Et je ne serais pas rentrée à la maison après le retour de mon héros de guerre. J'aurais fêté la paix retrouvée à ses côtés sans me laisser reléguer aux fourneaux. J'aurais remisé le corset au fond de l'armoire à linge, raccourci mes cheveux comme mes jupes, mais de toute façon je n'aurais pas été à la mode : dans les années 1920, les femmes devaient être particulièrement menues, avoir le fessier plat... En ville, elles travaillaient, se distrayaient aussi... Dans les magazines, elles étaient représentées sur la piste de danse, les épaules nues, la cheville alerte. On les voyait aussi chaussées de tennis blanches, couvertes d'un large chapeau, le teint hâlé étant synonyme de paysannerie, autant dire de vulgarité. Moi, j'aime le soleil et je déteste l'exercice physique. Jeanne Cadieu, une des top models que mon agence actuelle représente, m'a surprise récemment à la terrasse d'un café face à une assiette de fromages. Ça nous a fait rire. La seule raison que j'aurais de faire attention à mon poids, c'est ma santé. Je ne cherche pas à être belle de l'extérieur. Je suis dans l'action.

Dans les années 1940, les Françaises ont retourné la terre, fauché les blés, soigné les blessés, résisté. Camarades en pantalon, comme les autres ! Le manque de nourriture et la peur ont creusé les poitrines. Mais soudain, patatras : au lendemain du conflit, elles ont vu d'improbables beautés faire tourner la tête des soldats traumatisés, et même d'un président. Mises en lumière dans le sillon des Américains, nos sauveurs, Marilyn Monroe, Rita Hayworth, Jane Russell, Bettie Page, Adele Mara s'affichaient en maillot *made in Hollywood*, la cuisse pleine, le sein rebondi, mais la taille fine, toujours si fine la taille, décidément. Le loup de Tex

Avery ne s'y trompait pas : ses yeux jaillissaient de leurs orbites tant elles suscitaient sa convoitise. Alors bien sûr, toutes les femmes du monde, toutes, puisque les pin-up ne séduisaient rien de moins que le monde, voulaient leur ressembler. Je suis née peu après et j'ai constaté quinze ans plus tard que ce genre de physique avait encore la cote. J'ai dû accepter que mon corps d'adolescente, qui ressemblait à celui des pin-up, attire le genre masculin. Je n'avais pas le choix. Et pourtant ça n'était pas facile. À treize, quatorze ans, je croisais les regards des hommes, ils avaient quelque chose du loup de Tex Avery et ça me dégoûtait : j'étais une enfant. Une enfant dans un corps de femme, mais une enfant. Leurs regards me salissaient.

Heureusement, la mode s'est peu à peu affranchie des critères classiques de la féminité. Aux talons, les femmes ont préféré les ballerines ou les bottines, voire les bottes, pourvu qu'elles trottent à plat. Dans les années 1960, elles avaient le choix parmi les styles en vogue. Hippie : micro-short couvrant à peine la fesse et le nombril à l'air, un large pull de laine réchauffant un corps usé par la fête et l'usage de substances récréatives... Twiggy : femme-enfant, robe et cheveux ultra-courts, le sourcil arqué et l'œil qui mange le visage, la pommette saillante. Bardot : un concentré de sex-appeal, une moue boudeuse, une chevelure sauvage, quelques centimètres carrés de coton vichy ici ou là. Et dans tous les cas, pas un kilo de trop ! Le diktat de la minceur perdurait dans les pages des magazines, inévitablement. Celui de la jeunesse aussi.

On en était encore là, « sois belle et tais-toi ». Je préfère « sois belle et sois toi »… 1965, c'est la révolution : les Françaises obtiennent le droit de prendre un emploi sans demander l'autorisation de leur mari[5]. Officiellement, en tout cas. En réalité, et depuis toujours, beaucoup travaillent dans l'ombre de leur époux – agriculteur, commerçant, artisan… –, font le ménage chez des particuliers, gardent des enfants, sans que leur activité soit déclarée, ni justement rémunérée. Dans les années 1970, alors que la loi a évolué dans leur sens, beaucoup n'en bénéficient pas et restent bloquées dans l'intimité du foyer : elles s'occupent des enfants… D'ailleurs, elles s'occupent de tout. À la télévision, effacées derrière un tablier, elles font l'éloge du dernier robot ménager. Dans les magazines, elles se voient conseiller des recettes de cuisine et des fiches tricot. Cependant, et c'est nouveau, il semble désormais vaguement possible d'échapper à la seule carrière domestique. Les modèles inspirants ne manquent pas pour les petites filles. Lynda Carter campe Wonder Woman, une super-héroïne qui cumule les atouts des deux sexes. Les trois « drôles de dames »

5. La loi votée par un Parlement majoritairement gaulliste accorde même aux femmes mariées la possibilité d'ouvrir un compte bancaire à leur nom.

se montrent aussi futées qu'habiles au kung-fu. En France, les « demoiselles de Rochefort » rêvent d'évasion. Dans la presse people, Catherine Deneuve apparaît vite indépendante dans ses choix amoureux comme professionnels. La femme idéale est mince, bien sûr, toujours mince, mais à l'image de Catherine Deneuve, elle est aussi, et enfin, normale. Elle lutte pour le droit à l'avortement, c'est-à-dire à disposer de son corps – notamment en signant le « Manifeste des 343 ». Elle proteste contre l'invisibilité qui la caractérise depuis toujours... et se fait arrêter par la police alors qu'elle va déposer une gerbe en l'honneur de la femme du soldat inconnu. Elle ne se résume plus à une silhouette : elle est connue et reconnue pour son nom – Simone Veil, Delphine Seyrig, Gisèle Halimi... – et pour son discours, relayé par des médias essentiellement masculins que viennent bousculer quelques figures engagées, Françoise Giroud en tête. En Europe, en Amérique, une première génération de jeunes filles s'élève dans une conscience frémissante : travaux de force mis à part, elles ne seraient pas moins capables que les hommes. Quel que soit leur tour de taille. Et moi, alors adolescente, je ne sais rien de ces féministes, toujours rien... Ma mère non plus sans doute, puisqu'elle ne m'éveille à aucune idée progressiste. Elle n'espère rien pour elle-même non plus. Je l'ai dit : quand elle a voulu apprendre à parler anglais et que mon père a dit non, elle a tout simplement renoncé.

Dans les années 1980, je sais que plusieurs de ses amies allument la télévision dès le matin. Elles tirent les rideaux pour que les voisins ne les voient pas, il ne s'agit pas non plus de se donner en spectacle. Elles poussent contre un mur la table du salon, ajustent leur collant, leur pantalon de jogging pour les moins bien équipées, rassemblent leurs cheveux permanentés en queue de cheval… *Toutouyoutou*, c'est parti. Véronique – la blonde – et Davina – la brune – encouragent les Françaises à entretenir leur condition physique, et ce n'est pas seulement pour qu'elles restent fines : comme ma mère, elles sont surtout employées dans le secteur tertiaire, or la position assise quelque quarante heures par semaine nuit gravement à la minceur. Et donc au port de la jupe au-dessus du genou, du jean taille haute, ajusté sur la cuisse, du spencer au ras du nombril. À la fin de la séance, elles prennent leur douche, comme les deux animatrices dans le générique : nues, de dos, de face… Mais puisque chacune d'elles est seule dans sa salle de bains, puisque personne ne les regarde, elles rient beaucoup moins fort… Le soir, elles voient leur homme baver devant les playmates qui entourent Stéphane Collaro, et ça ne les choque pas. C'est tellement banal, cette exposition et cette instrumentalisation du corps féminin. À elles de s'accrocher pour leur ressembler un minimum… Quelques années plus tard, elles iront courir sur un tapis dans une salle de sport en écoutant le dernier album de Madonna. Sur le chemin du retour, elles achèteront un numéro de *Elle* et constateront qu'elles ne ressemblent pas à la liane qui pose en couverture. Avec un peu de chance, elles s'en moqueront. Comme moi. Après la naissance de ma fille, je peine à perdre mon ventre et ma poitrine me devance, mais je m'en fiche. À force de travailler, au quotidien, avec des femmes exceptionnellement belles, j'ai compris et accepté ceci : je ne suis pas une exception, et ce n'est vraiment pas un problème. Je suis moi, Nathalie, une femme active et une mère, un membre à part entière de la société.

* * *

Il n'est pas donné à toutes d'avoir l'air d'une petite chose fragile. D'une gamine des rues comme pouvait les décrire Charles Dickens au XIXe siècle, le teint diaphane, la peau sur les os, le regard effronté. D'une enfant, encore. Dès que Kate Moss affole les podiums, les scouts du monde entier errent à la recherche de leur orpheline, *waif*, en anglais. Ils trouveront bien quelques jolies brindilles, mais aucune ayant le charisme de la jeune Londonienne. Il n'est pas non plus donné à toutes d'avoir conservé ses défauts… qui n'en sont pas. Une denture qu'aucun orthodontiste n'aurait retouchée, ou bien avec quelques maladresses. Dès que Laetitia Casta sourit de toutes ses dents mal alignées en tenue Saint Laurent, les explorateurs de la mode auscultent les jeunes filles comme le vétérinaire la bouche du cheval. Ils peuvent toujours chercher. Une femme avançant dans la rue comme dans la vie avec pareille grâce, ils n'en trouveront plus de sitôt. Il n'est pas donné à toutes de posséder des jambes sans fin comme Adriana Karembeu ou Nadja Auermann. De prendre la lumière comme Karen Mulder ou Claudia Schiffer. De respirer la joie et la santé en toute circonstance, comme la Brésilienne Gisele Bündchen. De traverser les décennies avec un corps immuable et parfait comme Elle Macpherson, « The Body »... D'accepter leur reflet dans le miroir. D'admettre que les beautés des magazines ne sont pas la norme et qu'il est vain de tenter de leur ressembler. Les régimes et les opérations de chirurgie esthétique n'y feront rien. Mais il est donné à toutes, sans exception, de jouer avec la mode.

Mince, voire maigre, grande, ronde, sportive ou pas... Même si l'exhortation à la minceur ne disparaît pas, l'industrie textile s'adapte aux différentes morphologies. Pour prospérer, elle y a tout intérêt. Le monde se transforme en supermarché géant. Dès les années 1990, les citadines commencent à trouver dans des magasins d'un genre nouveau et à prix modique des vêtements inspirés (pour ne pas dire copiés) de ceux vus dans les défilés. Ils sont produits en Chine surtout, exportés, consommés, remplacés déjà. Et le phénomène ne fait que s'accélérer. Pour qui a des moyens financiers, s'habiller est de moins en moins une contrainte et davantage un jeu, un plaisir. Plus que jamais, c'est une façon d'affirmer sa personnalité, son clan. Dès lors, en France et dans de nombreux pays, le corps des femmes ne fait plus seulement partie du décor. Mince ou moins, il a droit de cité et il a droit d'action. Je ne me suis jamais privée d'user des miens.

* * *

Un corps, ça déménage… En septembre 1993, soit un peu plus d'un an après la naissance d'Alice, je laisse mes aimables camarades d'Elite entre eux. Au fameux concours Elite France, censé promouvoir *le* mannequin de demain, j'ai voulu mettre en avant Chrystèle Saint Louis Augustin. Au bureau, on m'a dit : « Depuis que tu es mère, tu n'as plus de goût. » Agent est un métier de l'ombre mais aussi de pouvoir. En écartant une fille au profit d'une autre, ou juste en la conseillant mal, on a le pouvoir de briser une carrière. Métisse aux cheveux frisés et aux yeux verts, Chrystèle avait la beauté, la personnalité et le professionnalisme qui auraient pu faire d'elle une égérie. Ils lui ont préféré une blonde aux yeux bleus. Ils ne se sont pas fatigués à m'expliquer leur choix ni à fourbir leurs arguments, ils m'ont seulement traitée par le mépris. Ils le savaient :

je suis une personne sur qui les marques de dédain glissent assez facilement. Jusqu'à un certain point.

Je démissionne. Jérôme Bonnouvrier, qui navigue déjà dans le monde de la mode, ouvre une nouvelle agence, Partners, il m'embauche comme directrice. Gérald Marie cherche un peu à me retenir. Quand je lui annonce ma décision de quitter Elite, il semble étonné. Il n'a rien vu venir. Selon lui, il ne faut rien prendre personnellement, le business passe avant tout. Aucun de ses arguments ne me touche. Il pourrait tripler mon salaire que ça ne changerait rien : quand j'ai pris une décision, impossible de me faire revenir dessus.

L'aventure Partners est de courte durée. L'agence fonctionne bien, l'argent rentre... mais il disparaît aussitôt, comme par magie. L'un des principaux investisseurs de Jérôme Bonnouvrier est dans le collimateur d'Eva Joly. Depuis le pôle financier du palais de justice de Paris, la juge d'instruction le piste pour des affaires louches – une histoire d'abus de biens sociaux en lien avec une grosse opération immobilière –, et je pense à raison, puisqu'il finit par s'envoler avec la caisse de Partners ! La société se retrouve en redressement judiciaire, et moi, devant le tribunal de commerce pour tenter de sauver les meubles, et surtout les collaborateurs. Je présente des copies de tous les documents attestant du – bon – travail que nous avons réalisé en quelques mois seulement : les contrats pour les campagnes de publicité, pour les maisons de couture, pour les défilés. Je me bats afin que les salariés restent et soient payés, de même que les mannequins. Pendant plusieurs mois, je bataille avec l'administrateur judiciaire dans l'espoir de conserver l'équipe et l'activité. Mais ça ne marche pas, faute de solidarité entre les agents. J'imagine que certains n'ont pas assez confiance et tentent d'assurer leurs arrières. Ils essaient de se faire embaucher ailleurs, en incitant les filles dont ils s'occupaient à les suivre… Ce sont six mois de magouilles et de mensonges en tout genre. Mais pas mon genre. J'en profite pour réfléchir à ce que je veux vraiment pour la suite. J'ai dix ans d'expérience dans le métier, je suis reconnue et convoitée par les agences, je reçois souvent des propositions auxquelles je ne prête même pas attention : je pourrais trouver une nouvelle place, salariée, confortable. Même chez Elite, prête à me reprendre. Mais non. Quand c'est fini, il n'y a pas de retour possible.

Elite investit alors dans plusieurs autres agences de mannequins – Viva, Angèle, une vingtaine au moins. Il s'agit de créer une concurrence diluée, donc peu puissante, et qui lui rapportera de toute façon, étant actionnaire de chaque entreprise. Par l'intermédiaire du directeur financier, Alain Kittler, cofondateur d'Elite avec John Casablancas, le groupe propose de me financer moi aussi pour que je m'installe à mon compte. C'est une opportunité en or qui m'est offerte, d'autant que je n'ai rien à y perdre. En tant que *sleeping partner*, mon investisseur n'a aucun droit de regard sur mon activité. Si j'échoue, je n'aurai rien investi, donc rien sacrifié. Avec une somme dérisoire, mais assez confortable pour démarrer à condition de ne pas avoir la folie des grandeurs, je loue un trois-pièces dans le 17e arrondissement, au numéro 10 de la rue Daubigny, pas très loin de chez moi pour retrouver Alice plus rapidement le soir. C'est un rez-de-chaussée modeste, meublé de tables et de chaises de récupération et décoré dans une ambiance bon enfant : même certaines mannequins viennent appliquer un coup de pinceau. Nous démarrons avec quelques filles qu'Elite ne fait pas travailler, ou pas assez, faute d'agents motivés pour développer l'activité de celles qui ne sont pas de grandes stars comme Cindy, Linda, Nadja... Puisqu'elles ne sont pas aussi demandées, il faut parvenir à convaincre les clients de les engager. Par ailleurs, leurs rémunérations sont moins importantes, et rapportent donc des commissions moindres à l'agence. Mais ils ont tort de les délaisser, je le sais : multiplier les « petits » contrats permet d'assurer des revenus réguliers, pas la fortune, certes, mais de quoi payer les salaires des collaborateurs et les charges fixes, au minimum.

Au début, nous ne sommes que quatre à nous partager cet espace : Sandrine, ma super comptable,

Alexandre et Titi – bookeurs très talentueux –, et moi. Lorsque quelqu'un du milieu nous rend visite, l'un de nous s'enferme dans le bureau de la comptabilité ou bien il sort rapidement, comme pour se rendre à un rendez-vous important. Puis il s'arrête à la cabine téléphonique du coin : de là, il appelle l'agence, plusieurs fois. Un petit stratagème pour faire croire que nous sommes déjà très sollicités ! Cela nous amuse beaucoup, mais il s'agit bien de créer une dynamique alors que je ne suis pas si sûre d'y arriver. C'est ma première entreprise, je connais le métier de bookeur, mais je découvre le reste : la gestion, le droit, la responsabilité. Je me retrouve soudain en première ligne ; comme je suis déjà assez connue – et appréciée – dans le milieu, tout le monde m'a conseillé de donner mon nom à l'agence.

Lorsque j'ai conclu mon accord avec Alain Kittler pour créer Nathalie Models, il était question que le groupe, par l'intermédiaire de ses différentes agences dans le monde, me confie des mannequins peu ou mal représentées à Paris. Je réalise bien vite que ce n'est pas le cas et dois me débrouiller seule pour enrichir mon panel... avec des fortunes diverses. Je décide de me rendre à Los Angeles, où personne ne me connaît, pour recruter des mannequins. Elles sont des dizaines, peut-être même des centaines, à se présenter lors d'un concours auquel je me suis inscrite en tant que recruteur potentiel. Sur place, comme les autres agents venus du monde entier, je m'installe derrière mon pupitre et je les regarde défiler, les unes après les autres, je note le numéro de celles qui m'intéressent parce que je pense pouvoir les faire travailler à Paris. Parce qu'elles remplissent les critères attendus par les créateurs et les photographes, parce qu'elles ont un visage, une personnalité qui sortent de l'ordinaire. Ensuite, je leur fais passer ma carte et j'attends qu'elles viennent se présenter à moi. Seulement voilà : si j'ai l'œil, les autres agents aussi. Les filles que j'aimerais rencontrer sont aussi sollicitées par mes confrères et concurrents… dont les noms sont plus prestigieux que le mien. Internet et les réseaux sociaux n'existent pas, je n'ai encore aucune star à faire défiler et personne pour vanter mon sérieux et mon implication. Je vois donc les mannequins que j'ai sélectionnées faire la queue pour se présenter à Elite, Ford, Karine, IMG, Marilyn Gauthier, Metropolitan… Et je reste obstinément seule face à mon pupitre. Enfin, une personne s'avance. C'est un homme, pas très grand, avec une tête sympa, mais ça ne suffira pas : « Je suis désolée, je ne prends pas d'hommes dans mon agence. J'ai dû me tromper en notant votre numéro… » De rage, il jette le carton par terre « *You were my only request!* » De dépit, moi aussi, je ramasse mon sac à main et retourne à l'hôtel. J'ai fait le déplacement pour rien mais je ne me décourage pas pour autant. L'aventure Nathalie Models ne fait que commencer.

* * *

Je ne me voyais pas comme une héroïne des temps modernes : d'abord, je n'étais pas la première femme chef d'entreprise en France, ensuite, je ne regardais pas ce que faisaient les autres femmes. Je ne décryptais d'ailleurs pas mon environnement selon qu'on était homme ou femme. Si j'ose le dire… j'ose : je me rendais à peine compte que j'étais moi-même une femme ! Mon sexe ne me définissait pas. Je laissais cette caractéristique de côté. J'étais la mère d'une enfant, Alice, trois ans, et je payais aussi bien le loyer de l'appartement qui nous abritait que le salaire des baby-sitters qui allaient la chercher à l'école le soir. Il se trouve qu'un homme, son père, vivait encore avec nous à l'époque, mais comme il n'était pas tellement plus responsable qu'un enfant lui-même, je le prenais en charge sans rien exiger de lui. À aucun moment je ne me disais qu'il exagérait, tout de même, car il était l'homme, le père… Le mien végétait à la campagne, ne s'intéressait plus à rien, « oubliait » toujours de se montrer attentionné envers sa femme qui, elle, veillait sur lui et sur leur fils malade. Quand j'étais jeune, je le rappelle, il m'avait dit : « Tu seras secrétaire et tu trouveras un mari qui s'occupera bien de toi. » J'avais peut-être refusé la deuxième partie de la prophétie parce que je ne m'étais jamais imaginée secrétaire… Il m'avait désignée fille, femme, vulnérable, donc forcément dépendante. De fait, je n'avais pas su me défendre face à un prédateur. Puis, d'une certaine façon, j'avais cédé aux pressions des bookeurs d'Elite qui me rejetaient et qui, tous, étaient des hommes. De chaque épreuve, j'avais tiré une force et une volonté. J'avais mis ma tête et mon corps, ensemble, au travail. J'avais réussi. Je ne me considérais pas « arrivée ». Tout restait à accomplir… sauf que je n'avais aucun objectif en tête, sinon continuer d'avancer avec les outils qui étaient les miens : ma volonté, mes compétences, mon corps apte au travail.

Je comprends bien ce qu'il y a de paradoxal à affirmer que je n'aime pas les corps alors que je vis avec des mannequins dont le corps est le principal outil de travail. Elles ne doivent pas seulement en prendre soin pour être minces, elles doivent aussi l'entretenir pour qu'il puisse fournir les efforts nécessaires à leur carrière. Conserver un certain poids impose peu de contraintes à la plupart d'entre elles : leur constitution, naturellement, leur garantit une certaine silhouette. Beaucoup cherchent même vainement à prendre des kilos de la même façon que de nombreuses femmes ne peuvent pas maigrir, quand bien même elles s'affament. Cela peut paraître injuste, mais c'est ainsi. En revanche, toutes doivent manger équilibré, dormir régulièrement et assez longtemps pour avoir un joli teint et pas de cernes, car le maquillage ne fait pas tout. Or, en période de défilés particulièrement, les filles les plus demandées doivent souvent sauter directement d'un avion à un podium, d'un podium à un autre avion, d'un avion à un hôtel où elles se retrouvent en décalage horaire complet, ayant perdu tous leurs repères à cause d'une activité minutée, exigeante, stressante. Le travail de leur agent consiste à les soutenir dans ce quotidien ultra-chahuté pour qu'elles tiennent le coup, telles des athlètes. Mais lorsqu'elles n'en peuvent plus, ce sont leurs mots qui me le disent et je n'ai pas besoin de regarder leur corps.

Je n'aime pas les corps parce qu'ils m'effraient par leur vulnérabilité, or je ne sais pas en prendre soin, je ne sais pas les réparer. Mais je fais tout mon possible pour les protéger de clients aux exigences déraisonnables – en termes de maigreur, justement – et des privations qu'elles s'imposent parfois elles-mêmes, croyant agir dans l'intérêt de leur travail, se causant surtout du tort. Je me souviens de Bianca, new-yorkaise, que j'ai dû renvoyer chez elle pour qu'elle se fasse soigner. « Ta santé est plus importante que ta carrière. » Elle était furieuse contre moi… Il y a eu aussi Alexandra, américaine également, mineure. J'ai alerté ses parents sur sa maigreur excessive. Sa mère m'a assuré : « Mais non, elle va manger, elle va grossir. » L'anorexie est une maladie dont on meurt parfois. J'ai insisté auprès de la mère : « Vous voulez que je vous la renvoie dans un cercueil ? » Cette fois, elle m'a entendue, elle a récupéré sa fille, qui est revenue travailler deux ans plus tard, guérie.

J'entends souvent dire que les femmes s'astreignent à des régimes parce qu'elles sont influencées par le monde de la mode, les mannequins qu'elles voient en couverture des magazines, voire l'étroitesse des vêtements de certaines enseignes branchées, dont certaines ne dépassent pas le 42, et encore. Il se trouve que les créateurs préfèrent mettre leur travail en valeur sur des corps longs et fins, et ce n'est pas nouveau… D'où la pression que se mettent parfois les femmes – et les jeunes filles – pour être minces. Il faudrait pouvoir s'en détacher et se concentrer sur la question de la santé. Et je reste convaincue que l'anorexie est une maladie déclenchée par des facteurs qui nous échappent et ont peu à voir avec mon milieu professionnel.

En 2017, face à un nombre croissant de mannequins très maigres sur les podiums, deux grands groupes de l'industrie du luxe se sont associés pour établir une charte de bonnes pratiques : Kering (Saint Laurent, Gucci, Balenciaga…) et LVMH (Dior, Vuitton, Givenchy…). Des règles strictes sont établies. Pour les femmes, la taille 32 est exclue. Les mannequins ne peuvent défiler ou participer à un shooting qu'à condition qu'elles aient obtenu un certificat médical – établi par la médecine du travail – de moins de six mois. Il y est question de leur poids, notamment. Les marques ne peuvent pas faire défiler ou poser une adolescente de moins de seize ans pour représenter des adultes. Leurs horaires de travail sont très limités et la question de la nudité, ou de la semi-nudité, fait l'objet d'une attention particulière pour toutes. Je peux attester que ces règles sont observées de façon très rigoureuse par les maisons de ces deux groupes et par l'inspection du travail en France. Des contraintes administratives importantes se sont ajoutées à la charge de travail des agents qui établissent les contrats pour les mannequins, mais je ne m'en plains pas, au contraire : tout ceci vise à préserver la santé mentale et physique des filles. C'est mon but depuis toujours : protéger les femmes comme j'aurais dû être protégée moi-même.

VIII

Qui ne risque rien…

1

Clément pense à sauter. Il suffirait qu'il enjambe la balustrade au niveau du salon. Il s'imagine en équilibre précaire sur le rebord du balcon, le corps tendu vers le vide, seulement retenu par ses deux mains crispées sur le métal de la rambarde. Dans son film il reste ainsi, le temps de quelques dernières pensées. Il ose un coup d'œil neuf étages plus bas. Il avise un voisin rentrant de l'épicerie, un sac au bout de chaque bras, avançant tête baissée vers la triste tour, l'air las, lourd et craintif à l'idée de l'inévitable rencontre devant l'ascenseur. La bande à Gaby traîne toujours dans la cage d'escalier. Ils ne sont pas bien méchants, dans le fond, ils ne font jamais de mal, pas vraiment, mais il leur arrive de taquiner le vieil homme comme la plupart des habitants du bâtiment. « Alors m'sieur Marcel, on a fait ses p'tits achats ? Qu'est-ce que vous nous avez acheté de bon aujourd'hui ? Du chocolat ! C'est gentil ça, hein, les potes, c'est gentil d'avoir pensé à nous ! » Il n'ose pas protester, monsieur Marcel, il leur laisse la tablette, et puis c'est pas pour ce que ça coûte. Mais la prochaine fois, s'il fait moins chaud, il la glissera dans la poche intérieure de sa veste. Clément ne les aime pas non plus, Gaby et ses complices. Ou peut-être qu'il les aimerait s'ils lui fichaient la paix, s'ils ne s'amusaient pas à l'imiter, en forçant la caricature évidemment, la démarche chaloupée, les lèvres en cul-de-poule, une épaule devant l'autre. Les folles, ça les dégoûte. Quand ils croisent Clément, ils se moquent et ils rient fort. Ce n'est pas toujours facile de les ignorer...

Il se demande s'il aurait le courage de se jeter dans le vide. Si ce serait la bonne façon de leur échapper, à eux, les paumés, plus bêtes que méchants mais pas gentils pour autant, et surtout à son père qui ne le regarde même plus parce qu'il a honte de ce qu'il voit. De qui il voit. Ce n'est pourtant pas écrit sur sa figure. Et non, il n'est pas si maniéré. Pas ici, il se retient, il s'empêche. Un nouveau millénaire commence, on en est encore là : au neuvième étage de la tour C du bloc 4 de la cité, il y a encore un père qui dit : « Si mon fils est pédé, c'est plus mon fils. » Clément n'a que deux sœurs, elles l'aiment sans conditions. Il y en a une au lycée, dernière année, dans trois mois le bac et après la fac de droit, elle veut devenir avocate, ou huissier, ou notaire, elle hésite. L'autre a fini son CAP cuisine, mais elle en a eu marre de se faire coincer contre la porte du frigo et même enfermer dans la chambre froide, une fois. Pour rigoler, qu'ils ont dit, tu parles. Maintenant, elle fait le service en salle. Les clients sont polis dans l'ensemble, et puis elle gagne plus de pourboires. C'est trop bête : comme elle est belle, elle pourrait poser pour les magazines. Elle dit que non, qu'elle préfère rester discrète, qu'on ne la voie pas. Les garçons de la cité sont vraiment trop lourds avec les filles qui réussissent leur vie. Faire des études, c'est déjà flirter avec la limite de l'admissible. Comme si elles trahissaient leur condition sociale en espérant sortir de cet environnement par le travail. Clément, lui-même, ne rêve que de cela. D'accompagner les sylphides aux défilés, de les écouter quand elles doutent, de les consoler si leur mec les lâche, d'en faire ses copines. Il est seul et fatigué. Tellement fatigué…

Affalé dans le canapé défraîchi, les pieds sur la table basse jonchée de fiches recettes et de miettes de biscuits, Clément rit tout seul. S'il saute juste au moment où Gaby sort de l'immeuble, il l'écrasera dans sa chute. Mais peut-être que Gaby amortira tellement sa chute qu'il s'en sortira, du coup. Et qu'alors l'autre passera pour un héros, et Clément pour un raté. Un raté sur toute la ligne. Même pas fichu de réussir son suicide, la lose intégrale. Clément bâille. Il est debout depuis quatre heures ce matin, il ne tient plus. Chaque jour du mercredi au dimanche, à l'aube, il prend son vélo jusqu'à la gare, puis le premier train jusqu'à Saint-Lazare et de là, le métro jusqu'au marché du jour. Il retrouve le rôtisseur sur place. Les premières volailles ont été cuites la veille, il n'y a plus qu'à les réchauffer. S'ils savaient, Gaby et les autres, s'ils le voyaient vendre des poulets déjà tout cuits sur les marchés... Ils riraient encore plus fort, c'est sûr. De toute façon, ils ne sont bons qu'à se moquer.

Clément regarde autour de lui, la peinture fatiguée, les carreaux pas nets, le téléphone orange sur la console, le manuel de philo, l'aiguille qui s'échappe du sac à tricot de sa mère, la femme sur la couverture du catalogue Phildar, la pauvre fille qui ne fera jamais la couverture du *Vogue*, c'est sûr... Échapper à cette médiocrité devient une obsession. Et à l'odeur du poulet grillé qui s'incruste dans les fibres de ses vêtements, son jean délavé, savamment déchiré sous la fesse, et sa belle chemise à carreaux cintrée, chinée dans un dépôt-vente, qui fait rire Gaby et ses acolytes mais qui ne dépareille pas, rue Montorgueil, parmi les modeux des Halles. Il doit s'échapper, décidément, se sortir de là. Mais la fenêtre du salon offre-t-elle vraiment le chemin le plus court ?

2

Par courtoisie envers le petit copain d'un copain, je reçois un jeune homme en entretien. Il arrive tout excité, il ne tient pas sur sa chaise et il avance des arguments dramatiques :

— Madame, je vous jure, si vous me prenez pas, je me tue. Moi la mode, Paris, tout ça, la beauté, le style, le vêtement, voyez, mais le beau vêtement, hein, le beau, eh ben, c'est toute ma vie. Et là ma vie, c'est plus possible ma vie, parce que les gens dans mon entourage, ils comprennent rien à tout ça, alors c'est trop dur, embauchez-moi, embauchez-moi !

Ce jeune Clément m'est sympathique, je le trouve touchant et pas aussi désespéré qu'il le prétend. Je lui demande s'il a une expérience dans la mode. Il se lève et tourne sur lui-même pour me montrer comme il s'est bien arrangé. Il se débrouille, certes, mais je ne cherche pas un styliste ! Alors je le questionne :

— Qu'est-ce que vous faites en ce moment ? Vous travaillez ?

— Ah ouiii ! Moi je vends des poulets sur les marchés !

Et comme il est toujours debout, il fait mine de brandir des volailles en les tenant par le cou. Il me fait l'article :

— Achetez mes poulets, mes petits poulets, mes grooos poulets ! Ils ont de la cuisse mes poulets, et du blanc, messieurs-dames, du blanc tendre, du blanc doux, du blanc pur, que même Ariel il fait pas du blanc aussi blanc !

Je n'ai jamais autant ri pendant un entretien d'embauche. Pour me convaincre de l'engager, il me supplie presque à genoux en m'expliquant qu'il habite encore chez sa mère, en banlieue, dans une cité où « c'est impossible » pour un garçon comme lui...

Je sais que la plupart des chefs d'entreprise s'entourent d'abord de personnes compétentes dans leur domaine, et c'est bien normal. Moi aussi, la plupart du temps, je regarde le CV des gens en priorité. Ce garçon n'en a pas, mais il me rappelle Thierry, qu'on appelle toujours Titi, arrivé lui aussi chez moi sans autre expérience que celle de camelot, et devenu un excellent bookeur. Et puis ce jeune a quelque chose qui ne s'acquiert dans aucune école : l'envie. Je ne prends pas grand risque à le faire venir. On le formera sur le tas, et il est évident qu'il a tellement à cœur de quitter sa cité et ses poulets grillés qu'il fera tout pour apprendre le métier, s'intégrer et se faire aimer. Je l'envoie s'inscrire dans une filière compatible avec un contrat d'apprentissage et je l'accepte dans l'équipe que je rassemble comme un peintre compose un tableau. Je choisis des éléments qui iront bien ensemble et mettront en valeur les qualités des autres. Je crée une harmonie. Au pire, si je me trompe, je le ferai sortir du cadre.

Je procède de la même façon dans ma vie intime. Le Noël juste avant ses cinq ans, Alice et moi nous trouvons toutes les deux dans le salon en train de décorer le sapin. Elle me dit tout à coup :

— Quand je serai grande, je me marierai pas.

— Ah bon ? Et pourquoi ça ?

— Parce que les maris, ils sont pas gentils. Les papas, ils sont gentils, mais pas les maris.

Ma fille me fait prendre conscience que Thierry ne me rend pas heureuse. Le lendemain, je lui demande de faire ses valises.

Je me concentre sur mon travail, mon entreprise, mes salariés, ma sécurité et celle de ma fille. Peu à peu, des photographes qui ne connaissaient pas Nathalie Models, modeste agence dans l'ombre des plus grandes, s'intéressent à nous. Nous prenons de l'ampleur, tranquillement. Notre activité est singulière. Au mieux elle intrigue, au pire elle laisse indifférent. Les résultats sont là : dès la première année d'exercice, je suis bénéficiaire et le chiffre d'affaires ne fait qu'augmenter. Pour développer Nathalie Models, je crée un département « hommes », ce qui me permet d'attirer de nouveaux clients qui, par la même occasion, découvrent les filles représentées par l'agence. J'engage un directeur artistique très doué, personnalité déjà influente dans le milieu. Il a un œil : ensemble, nous choisissons des mannequins différentes de celles que font travailler les plus grosses agences de Paris. À l'instinct, sans avoir peur d'être à côté de la plaque, nous refusons certaines filles magnifiques qui n'auront pas de mal à signer un contrat ailleurs, et nous acceptons des personnalités moins consensuelles, des « gueules ». Dans le même esprit, je crée un département « talents », ce qui est assez novateur pour l'époque : nous représentons des artistes, comédiens, musiciens, chanteurs, pour des campagnes de publicité. Parmi eux, Tricky, ex-membre du groupe Massive Attack dont j'aime autant la personnalité généreuse et sincère que la musique, mais surtout Béatrice Dalle, qui devient vite une véritable amie. Cette femme est extraordinaire au sens propre du mot. Quand elle arrive quelque part, elle remplit tout l'espace. Son aura dépasse l'entendement. Elle irradie de liberté, de folie, de générosité. Je l'admire notamment parce qu'elle montre et démontre qu'on peut être soi-même en toute circonstance. Entière, elle ne vit que pour deux choses : l'art et l'amour. Elle refuse de se soumettre au pouvoir et à l'argent et préfère d'ailleurs en manquer que de se compromettre. Mon travail m'a habituée à me retenir de dire ce que je pense, à agir d'abord pour le bien commun, quitte à accepter des attitudes déplaisantes. Béatrice ne transige pas. Elle est punk et le restera jusqu'au bout. Elle a gardé un côté animal : c'est son instinct qui la guide, elle se trompe parfois sur les gens, mais rarement. En cela, je suis un peu comme elle. Et je marche moi aussi à la confiance.

Le père d'Alice reste l'homme perdu que j'ai aimé. Peu de temps après notre séparation, il a rencontré une nouvelle femme, Aurélie, avec qui il aura un petit garçon. Elle est aussi attachée à Alice, alors je sais qu'en sa présence, il n'arrivera rien à ma fille. Un week-end pourtant, elle s'absente et Thierry emmène la petite à la campagne, en voiture, avec deux de ses copines et son fils. Je suis prévenue par un commissariat de police qu'il a eu un accident... Et j'entends que je suis inconsciente de laisser ma fille avec un homme pareil. Les enfants n'ont rien, mais Thierry n'aurait pas dû conduire. Il est dans un état délirant, voudrait se jeter dans la Seine... Même si les analyses toxicologiques réalisées sont insuffisantes pour prouver quoi que ce soit, il ne niera pas qu'il n'était pas dans son état normal, mais il affirmera que c'était à cause de médicaments. Pour autant que je sache, c'est la première fois qu'il a même mis Alice en danger. Physiquement. Il a mis en danger quatre vies. Dès ce moment, je ne peux plus lui confier notre fille sereinement. Je prends un avocat, nous nous retrouvons face à un juge. Thierry se défend d'avoir pris de la drogue le jour de l'accident. Il parle toujours de médicaments mais surtout affirme, en parlant de moi : « Elle aussi, elle se drogue. » Sans me donner le temps de contrer ce mensonge, le juge rétorque : « Ça ne m'étonne pas. Dans la mode, tout le monde se drogue. » Que faire ? Je me fiche de ce que pense cet homme, je veux juste protéger mon enfant. Thierry obtient un droit de visite : un mercredi sur deux, en présence d'un tiers. Je trouve une baby-sitter qui accepte d'emmener Alice et de rester auprès d'elle pendant ces quelques heures afin de s'assurer que Thierry ne déraille pas. Je retournerai au tribunal quelques années plus tard, pour faire le point sur cette nécessité de visite en présence d'un tiers et décider s'il peut prendre la petite dans sa voiture à nouveau. Cette fois, je tomberai sur une juge, une femme, qui me dira : « Aucune justice ne pourra vous redonner confiance en lui. »

C'est vrai, et je m'en veux de ne pas avoir choisi le père idéal pour mon enfant. Mais d'abord, est-ce que ça existe, le père idéal ? Et puis, choisit-on vraiment ? Je vis ma vie, au gré des rencontres ;

quelque chose d'irrationnel me pousse vers quelqu'un. Je veux croire que ce sera mieux, cette fois, que tout va bien se passer. Le nouvel homme de ma vie porte un nom célèbre. C'est quelqu'un de tranquille. Il profite de l'existence, travaille pour une agence de voyages, si bien que nous voyageons souvent ensemble. Il fait souvent preuve d'un humour caustique, il me présente à sa famille, que j'adore : son père écrit des livres, sa grand-mère, juive roumaine, est un puits d'histoire, tous sont des intellos de gauche post-soixante-huitards, cultivés, ouverts, jamais méprisants, ils ne jugent pas les gens mais les écoutent, s'intéressent à eux... Je me régale en leur compagnie. Est-ce qu'il sera le père idéal pour mon deuxième enfant ? Il souhaite que nous nous mariions et que nous fondions une famille. J'ai trente-huit ans, je suis enceinte. Je sens que je perds l'enfant alors que je suis assise derrière mon bureau face à une inspectrice du travail qui épluche les contrats de mes salariés et des mannequins – elle n'est pour rien dans cette fausse couche. C'est un rendez-vous important, je m'absente plusieurs fois, le temps de voir le sang couler et le fœtus quitter mon corps. Je ne peux pas me permettre de pleurer, je fais bonne figure, autant que possible... Quelques mois plus tard, je fais une deuxième fausse couche, chez moi cette fois, à un stade plus avancé de ma grossesse. C'est encore plus éprouvant, physiquement et moralement. Mais je ne renonce pas.

Sitôt rétablie, j'espère tomber enceinte à nouveau. J'ai déjà eu une petite fille : je sais donc que rien n'empêche mon corps de concevoir et de porter un autre enfant. Et j'ai raison d'y croire ! Roman naît le 7 juillet 2003, quelques jours avant mon quarantième anniversaire. Son papa apporte la bonne nouvelle et le champagne à l'agence. Trois jours après, je rentre chez nous, qui est encore un chez-moi, toujours le grand cinq-pièces du 17e arrondissement. Il a du mal à regarder son fils, il ne le prend pas dans ses bras. Très vite, il m'annonce : « J'ai changé d'avis. Je ne t'ai jamais aimée, je m'en vais. Mais tu peux me donner le bébé. » Et ainsi, il file. Alice le regarde partir après plusieurs années à ses côtés. Décidément, les maris, ce n'est pas toujours bien gentil…

J'avais engagé une femme, Dounia, pour s'occuper de nous tous à la maison. Alors nous restons là, Dounia, Alice et moi, à regarder grandir Roman.

3

Il est dans la place. Nathalie l'a embauché, avec le statut d'apprenti, qui force à la modestie, et déjà il voudrait plus. Parce qu'il ne ménage pas ses efforts. Or c'est usant, à la fin, ces allers-retours du bureau à la cité, de la cité à Paris, sans compter les déplacements pour le boulot : aller porter un pli dans une maison, récupérer des tirages photo au labo, une robe au pressing du coin... Même s'il dort chez son copain parfois – quand ils ne sont pas fâchés –, ou chez son collègue Alexandre – en tout bien tout honneur –, Clément rêve d'un cocon qui n'appartienne qu'à lui. Un espace qu'il ne partagerait pas avec le désordre de ses sœurs et de sa mère, sans parler de l'odeur des épices qui le suit de la cuisine familiale à celle de l'agence. C'est mieux que celle des poulets rôtis, mais quand même. À l'agence, dans un tiroir, il garde toujours un tee-shirt et un pull-over, au cas où...

La cité lui colle à la peau comme Gaby à la cage d'escalier. Ce crétin est devenu encore plus agressif depuis quelques mois : un de ses copains a fait son coming out, bien malgré lui, en laissant apparaître dans son sac à dos entrouvert une boîte de préservatifs et des photos sans équivoque. La petite bande l'a répudié aussitôt, mais quand ils croisent Clément à présent, ils l'accusent d'avoir détourné leur ami du droit chemin de l'hétérosexualité. Clément les traite par le mépris. Sa tête oscille vaguement, sa poitrine se gonfle à peine avant qu'il exhale un soupir de lassitude. Il se presse de rentrer, ou se hâte de partir : il a une vie, lui, un travail, des gens qui comptent sur sa présence, il rencontre des personnes importantes, qui gagnent beaucoup d'argent, parmi lesquelles il entend bien se faire une place. Il est sûr d'y parvenir, puisqu'il leur plaît, à tous, puisqu'il les fait si bien rire tout en leur rendant tellement de services.

Bien sûr, il commet des gaffes, aussi, à l'occasion... L'autre jour, Nathalie lui a demandé de contacter Radio Nova. Il devait faire passer une annonce, encourager un certain type de filles à se présenter à l'agence pour y passer un casting. Il a dû mal s'exprimer. Ou bien c'est le type de la radio qui l'a mal écouté et qui a dit n'importe quoi, après tout... N'empêche que pendant deux bonnes semaines après le passage de l'annonce sur les ondes, au lieu d'ouvrir sa porte à de grandes métisses d'Amérique du Sud avec des dreadlocks, l'agence a vu débarquer des dizaines de rastaquouères débonnaires… Nathalie en a ri, heureusement. Quand il a compris son erreur, Clément a tremblé pour sa place. Il ne veut plus rentrer à la cité. Sa vie est là, à Paris, auprès des vedettes qui passent à l'agence, auprès des filles qui débarquent, un peu perdues, dans la capitale et qu'il aime accompagner aux castings, qu'il guide, qu'il rassure, qui deviennent vite des amies, exactement comme il en avait rêvé. Et puis l'ambiance est si bonne à l'agence. Nathalie, Patronne Simone, comme tout le monde la surnomme avec affection – parce qu'elle gère son agence comme un bistro, à la bonne franquette –, est tellement sympa. Ils ont tellement de chance, ses enfants. Il les connaît, surtout Roman, le petit dernier. Quand elle a un rendez-vous et personne pour le garder, elle l'emmène au bureau ; parfois, c'est lui qui s'en occupe, il le fait jouer, il le fait lire. Roman a son petit nom, lui aussi : « Ouin-Ouin l'Astuce ». Parce qu'il fait semblant de pleurnicher quand il n'obtient pas ce qu'il veut, alors ça marche, évidemment, il est tellement mignon et personne n'a envie de le voir pleurer. On cède tout à Ouin-Ouin l'Astuce…

Si seulement Nathalie cédait elle aussi. Clément l'a suppliée de lui dégoter un studio, puisqu'elle en loue plusieurs pour les mannequins lorsqu'elles sont à Paris, elle doit pouvoir lui trouver une chambre de bonne quelque part… Un petit coin rien qu'à lui. Même un petit studio dans l'immeuble du bureau lui conviendrait… Même celui de Mme Pichard lui suffirait ! Une loge de concierge, avec une fenêtre sur la cour où la lumière n'entre jamais, et qu'importe après tout puisqu'il travaille tout le jour et sort souvent bien tard la nuit.

4

Pendant dix ans, l'agence Nathalie n'a occupé que trois pièces au rez-de-chaussée d'un grand immeuble typiquement parisien du début du XXe siècle, et nous avions peu de contacts avec les locataires des autres niveaux. Mais j'aimais bien discuter avec Mme Pichard. Elle habitait dans l'ancienne loge du gardien, une pièce minuscule et quasiment aveugle. Elle vivait seule, n'avait pas de famille, mais elle recevait des visites quelquefois, masculines exclusivement. Je ne connaissais pas son âge. Je voyais seulement qu'elle était vieille : son visage et son cou étaient très ridés, sa voix comme sa démarche manquaient d'assurance, ses épaules s'étaient arrondies, son dos un peu voûté. Elle ne se plaignait jamais, elle n'avait pas l'air particulièrement déprimée, elle ne surjouait pas la joie non plus. C'était un être humain comme je les aime, très simplement, une femme avec son histoire, son parcours de vie, qui enchaînait les journées avec humilité. Elle ne la ramenait pas, mais elle ne s'excusait pas non plus d'exister. D'ailleurs, pourquoi l'aurait-elle fait ? Mme Pichard ne causait de tort à personne. Elle était notre aimable voisine. Chaque fois que nous organisions une petite fête au bureau, avec des plats à partager, façon kermesse bon enfant, elle avait sa place réservée au buffet. Si elle choisissait de se faire discrète, nous lui apportions une assiette.

L'agence comptait elle-même quantité de personnages assez créatifs et étonnants auxquels s'ajoutaient les mannequins venues de l'étranger qui logeaient dans les étages supérieurs : quand j'apprenais qu'un appartement se libérait dans l'immeuble, je reprenais le bail au nom de la société. Mon souci n'était pas tant de loger mes stagiaires ou mes apprentis que de faciliter le travail aux bookeurs et que les filles se sentent moins seules durant le temps qu'elles devaient passer à Paris : il leur suffisait de venir nous voir au bureau pour trouver quelqu'un susceptible de les écouter et de répondre à leurs attentes. Cette proximité a donné lieu à des expériences plutôt déconcertantes dans notre petit théâtre. Nous avions notre mannequin vedette, Colette Pechekhonova, une Russe incroyable, dans le même genre que Kate Moss, peut-être moins rock'n'roll mais plus grunge. Je l'avais sélectionnée sur photos, j'ignorais comment elle marchait, si elle mettait les vêtements en valeur, ce qu'elle dégageait. Je ne pouvais rien savoir avant de la rencontrer (la technologie n'était pas encore venue nous faciliter la vie et raccourcir le temps…). Je l'ai donc fait voyager de Moscou à Paris. Le jour où elle s'est présentée à l'agence, je ne m'y trouvais pas pour la recevoir mais j'ai reçu un appel affolé du bureau : « Cette fille, c'est une horreur ! En plus, elle ne parle pas un mot d'anglais ! » Elle était simplement… russe. Habillée selon la mode de son pays, très sophistiquée, avec une robe sous le genou et du rouge très vif aux lèvres, elle rêvait d'envoyer au pays des photos d'elle en tenue signée Pierre Cardin. Pierre Cardin n'organisait plus de défilés depuis longtemps, elle en fut très déçue… Colette n'était pas une horreur mais un trésor, une personnalité touchante mais réservée, pleine d'ambition et soucieuse des siens restés au pays. Son regard apeuré qui contrastait avec la force qu'elle dégageait a séduit les plus grands, à commencer par Karl Lagerfeld. Trois ans après son arrivée, elle assurait à elle seule 40 % du chiffre d'affaires de Nathalie Models.

Je lui ai vite octroyé le deux-pièces situé au premier étage, juste au-dessus de nos bureaux. Elle a d'abord défilé pour Fendi et Calvin Klein. Les années suivantes, Bottega Veneta, Dior, Vuitton et Gucci, entre autres, l'ont engagée. Certains ont même produit beaucoup d'efforts pour qu'elle leur fasse l'honneur de sa présence ! Un jour qu'elle se sentait trop fatiguée pour se rendre à des essayages, elle a préféré renoncer et laisser la place à quelqu'un d'autre. La maison de haute couture, qui la voulait absolument, a dépêché toute son équipe au bureau : le créateur, les petites mains, un photographe... Ils rentraient à peine dans la salle de booking. On a donc fait descendre Colette de son appartement. Elle a débarqué en pyjama, un ours en peluche sous le bras...

Autre scène, autre uniforme, moins attendrissant celui-là : un jour, alors que j'attendais Alice à la sortie de l'école, j'ai vu débouler une assistante de l'agence parmi les autres parents. « Nathalie, reviens vite au bureau, la police t'attend. » Interpol, comme dans les films. Deux types en imperméable faisaient les cent pas en soulevant mes dossiers comme s'ils étaient autorisés à regarder leur contenu. Ils m'ont parlé rudement, m'ont sommée de m'asseoir et menacée de m'arrêter. Je n'ai pas eu peur : ils m'ont juste agacée. Je n'avais rien à me reprocher. Ils soupçonnaient le compagnon d'une mannequin russe que je représentais de faire du trafic d'armes. Ils exigeaient que je tende un traquenard au couple pour les confondre. Si je refusais, c'est que j'étais complice. Je les ai envoyés paître, eux d'abord, puis la fille et son fiancé douteux. Les agences de mannequins – pas seulement la mienne – étaient très surveillées dans ce contexte d'ouverture du bloc de l'Est. Lors des *fashion weeks*, nous faisions venir des filles du monde entier : il était tentant pour des gens peu scrupuleux de se servir d'elles pour leurs trafics. J'ai appris à me méfier. La sécurité de mon entreprise et de mes collaborateurs comptait plus que ce que pouvait nous rapporter n'importe quelle fille. Au moindre doute, je les écartais.

Lors d'un dîner chez un designer, nous étions nombreux autour de la table : à part moi, que des créateurs, des couturiers, des stylistes, des photographes. Mon téléphone sonne plusieurs fois – les portables avaient débarqué dans nos vies –, je regarde le numéro : une agence en Amérique. Je m'écarte et je prends l'appel. Puis je présente mes excuses à mes hôtes et je file à l'agence. En chemin, j'ai prévenu un de mes collaborateurs : demain matin, à la première heure, il me faut du monde à telle adresse... Je me charge de prévenir la police et un avocat. Le problème est le suivant : une mannequin américaine que mon agence représente le temps de son séjour à Paris est arrivée comme prévu dans l'un des appartements situés au-dessus de nos bureaux. Dans la chambre, elle a découvert, horrifiée, plusieurs sachets de poudre : paniquée, elle est partie se réfugier auprès d'une copine, mais elle a prévenu son agent à New York. Avant elle, c'était une Brésilienne qui logeait là, une fille que je n'aurais jamais soupçonnée de prendre de la cocaïne – mais après tout, plus rien ne m'étonne... Il est impératif que je prouve ma bonne foi en faisant venir moi-même la police, mais aussi un avocat pour me défendre, au cas où, et des témoins pour raconter la scène. Cette stratégie témoigne du genre de raisonnement farfelu dont je suis capable dans les moments de panique. Les choix, bons ou mauvais, ça ne s'explique pas toujours !

Tout se passe selon mon plan. Au petit matin, j'ouvre la porte de l'appartement à la police qui constate comme moi, en présence de l'avocat et du journaliste, que de petits sachets plastifiés remplis de poudre blanche sont alignés sur le meuble lavabo. On dit que le ridicule ne tue pas, j'en ai eu la preuve ce matin-là : les sachets ne contiennent rien d'autre que de la lessive ! Je me confonds en excuses pour avoir fait lever tous ces gens de si bonne heure. La mannequin brésilienne avait coutume de préparer des doses de lessive qu'elle emportait avec elle lors de ses déplacements pour ne jamais se retrouver à court de linge propre, tout simplement. En rassemblant ses affaires avant de partir, elle avait oublié de les glisser dans sa valise. Quand je raconte l'histoire à Mme Pichard, elle rit de bon cœur et m'adresse un clin d'œil. « Vous auriez dû m'appeler d'abord pour vérifier : fut un temps, je m'y connaissais en lessive… »

5

Clément n'en peut plus de leurs caprices. Il a dû faire toutes les épiceries de Paris pour trouver les céréales que réclamait l'Anglaise, flocons d'avoine, maïs et petit épeautre. Petit ou grand, il ne savait même pas que ça existait, et il ne sait toujours pas quel goût ça peut avoir… Il a fini par en dénicher dans le magasin anglais Marks & Spencer, en face du Printemps, et du coup, il n'a pas pu s'en empêcher : tant qu'il y était, il a traversé la rue et s'est acheté un tee-shirt, un Balenciaga, pas du tout raisonnable pour son salaire d'apprenti. Il en veut à Nathalie : avec le peu qu'il gagne, il ne peut pas se mettre au diapason des autres membres de l'agence. Quand les stylistes et les photographes viennent au bureau, ils ne le remarquent même pas, évidemment. Patronne Simone… Elle pourrait l'habiller, quand même, elle n'aurait qu'à passer les factures dans les frais.

Mais il est injuste et il le sait. Elle a trouvé pour lui une chambre de bonne, au septième étage d'un immeuble situé non loin du bureau, en plus. Il n'y a pas d'ascenseur, ça n'est pas grave : dans la cité, il vivait au neuvième étage de la tour et il prenait souvent les escaliers. Ça faisait rire Gaby et ses copains de l'empêcher d'accéder à la cabine. Au début, il feignait d'apprécier l'exercice. À force, il a fini par y prendre goût.

Au moins, il n'a pas été obligé de visiter tous les haras de France pour trouver un cheval… C'est Nathalie elle-même qui a raconté l'histoire, l'autre jour : Tatjana Patitz, la sublime Tatjana, avait été choisie pour un film publicitaire pour un shampooing, qu'importe la marque. Dans le scénario, elle devait galoper sur la plage sur un grand cheval brun. Mais elle n'a pas aimé son partenaire. Dès qu'elle l'a rencontré, elle a dit non : avec ce cheval-là, ça ne va pas être possible, amenez-en un autre. Eh bien tout le monde s'est mis en quatre pour faire venir un autre cheval, le tournage a pris des heures de retard, il a coûté plus cher que prévu. De toute façon, Nathalie leur passe tout. L'autre soir, une de ses filles a planté Paco Rabanne dix minutes avant le début du défilé : il était prévu qu'elle passe deux fois, avec deux robes différentes donc, mais le couturier en avait supprimé une au dernier moment. La mannequin a décidé de rentrer chez elle sans même défiler avec l'autre ! Nathalie a expliqué à la directrice du casting de la marque qu'il fallait respecter ses engagements, que la réaction de la fille était normale, qu'elle était très déçue. Caprice, oui ! Elle dit qu'elle défend toujours ses mannequins, quoi qu'il arrive. Comme lorsque Margarita a feint un malaise dans sa chambre d'hôtel. Clément s'amuse de l'histoire, maintenant qu'il y repense : Margarita était étalée comme une pizza dans son lit, complètement nue, et elle ne savait pas comment s'en sortir. Nathalie a joué le jeu : elle a couvert la gamine et l'a accompagnée jusqu'à l'hôpital Bichat !

La plus grande qualité de Patronne Simone, selon Clément, c'est son côté bonne poire. Par exemple, lors de la dernière *fashion week*, quand Stefania a été rayée de tous les plans des défilés parce qu'elle avait des poux, Nathalie a remboursé tous ses frais. La même semaine, elle a passé plus d'une heure avec les parents d'une mannequin, juste pour leur expliquer la situation et les calmer : ils étaient venus exprès d'Israël pour regarder défiler leur fille, la robe avait été supprimée du show au dernier moment, et leur progéniture avec... Ils avaient fait le voyage pour rien. C'est aussi grâce à Nathalie qu'il n'a pas mis les pieds dans la cité depuis des semaines maintenant. Elle s'est même portée garante pour sa location. Au pire, s'il n'arrive plus à payer son loyer, elle prendra le relais. Quelques centaines d'euros, pour elle, qu'est-ce que c'est ? En furetant dans les bureaux, il a appris qu'une mannequin peut gagner plusieurs milliers d'euros en une seule soirée. Plusieurs milliers d'euros juste en marchant trente secondes sur un podium ! Et plusieurs dizaines de milliers, voire des centaines de milliers, pour des photos qui vont être utilisées dans le monde entier… Cette démesure le scandalise. Presque plus encore que les pratiques dans le monde du football. Les joueurs, eux, au moins, font des abdominaux et courent des heures même sous la pluie. L'enfer…

Désormais, Clément rêve d'Amérique. À New York, pense-t-il, le travail est payé à sa juste valeur. Un jeune homme débrouillard et volontaire comme lui y a toutes ses chances. À New York, il sera son propre patron. Il y aura son nom sur la porte et personne ne l'exploitera. Nathalie lui a demandé d'attendre encore quelques mois. Elle pense qu'elle pourra organiser son départ mieux qu'il n'en serait capable tout seul, notamment en l'aidant pour les papiers. Oui mais des mois, pour un jeune homme ambitieux, durent une éternité ! Clément trépigne. Se fait des films. S'y voit déjà. C'est décidé : dès que possible, il part en Amérique.

6

J'aime mes mannequins, j'aime mes agents, j'aime les gens d'une manière générale. Pas toujours leur façon de se conduire, mais je pardonne plutôt facilement. Et quand je pense que je n'arriverai pas à tolérer dans mon entourage un comportement en contradiction avec mes valeurs, je m'éloigne sans plus me poser de questions ni me sentir coupable. On ne peut pas aimer tout le monde, bien sûr. Mais on peut essayer de comprendre les gens.

Les mannequins ne font pas de caprices. Leurs choix nous échappent parfois, mais il suffit de se mettre une seconde à leur place pour connaître leurs raisons, rationnelles ou pas. On choisit une jeune fille pour son physique, son allure, ce qui se dégage de sa personne, sa photogénie. On ne choisit pas un caractère. On s'adapte à lui. On voit comment la personne évolue et on compose avec si c'est possible. Ça l'est souvent si l'on accepte ce postulat : une adolescente qui espère se retrouver en couverture des magazines et en grand format sur les affiches est forcément particulière. Sensible. En quête de reconnaissance par le regard de l'autre. Toutes ne bénéficient pas d'une cellule familiale qui les protège. Quand elles viennent d'un milieu modeste, voire pauvre, elles sont prêtes à donner tout ce qu'elles gagnent à leurs parents, à leurs frères et sœurs, parfois à leur copain. Il faut savoir les conseiller sans les commander, les protéger tout en prenant en compte des données qui peuvent nous échapper au premier abord. Il faut apprendre à les connaître, individuellement, et s'adapter à chacune d'entre elles puisqu'elles sont tellement différentes. Certaines acceptent bien des sacrifices. S'éloigner de leur famille, renoncer à leurs études et à un avenir plus sûr, se remettre en question à chaque casting. Il faut un certain courage. Quelques-unes font preuve de cynisme, se servent de leur entourage et de leurs armes. Toutes font ce qu'elles peuvent et comme elles le peuvent. Simplement humaines, avec leurs forces, leurs failles, leur fantaisie.

Parmi les centaines de mannequins que j'ai côtoyées, je peux dire que l'immense majorité se sont toujours comportées de façon très professionnelle. Même celles dont les excentricités m'ont fait sourire et dont je pourrais dresser un charmant inventaire. La réchauffée : tout habillée sur une digue, en pleine séance photos, elle saute à l'eau. « C'est fun, non ? » La frileuse : posant dans la mer en bikini, elle demande s'il est possible de réchauffer l'eau. Au moins l'eau « juste autour » d'elle... La pudique : constatant sur le lieu des prises de vue, en Inde, qu'elle doit poser en maillot, une fille refuse tout net. « Je suis là pour Hermès. Je croyais que Hermès ne faisait que des sacs et des foulards. Sinon je ne serais pas venue ! » La séance aura bien lieu, la tenue de bain et les formes de la mannequin largement cachées par un carré. La fille qui débarque d'Amérique : « Vous avez de l'eau minérale en France ? *Wonderful!* » La superstitieuse : « Les fauteuils de cet avion sont verts, je ne monte pas ! »

Colette, ma fameuse Colette, avait été sélectionnée pour un shooting pour le magazine *Mixte*, une référence en matière de mode, le genre de publication dans lequel toutes les professionnelles rêvent de se voir un jour. Seulement voilà : elle souffrait d'aérophobie. La peur du vent, de l'air, et en l'occurrence, du ventilateur censé faire voler ses cheveux. Le stylisme de la séance avait été conçu sur cette base et Colette avait été choisie pour sa beauté et sa notoriété, déjà. Elle a eu une véritable crise de panique. J'ai dû expliquer à Emmanuelle Alt, la rédactrice en chef mode du magazine – passée à *Vogue* ensuite –, que nous allions devoir trouver quelqu'un d'autre. La situation était embarrassante – toute l'équipe plantée sur place, au dernier moment, pour une histoire de ventilateur ! – mais il n'y avait pas d'alternative.

Tatjana Patitz adore les chevaux – elle vit dans un ranch d'ailleurs, à présent. Et c'est parce qu'elle est bonne cavalière qu'elle avait été choisie pour un film publicitaire devant être tourné sur la plage, et à cheval, donc. Mais c'est aussi parce qu'elle est cavalière qu'elle « sent » les chevaux. Celui qui lui avait été présenté ne lui convenait pas. De là, le client avait le choix : changer de bête… ou de mannequin. Or je ne connais pas deux Tatjana ! La productrice était passablement énervée : « Non mais tu plaisantes ? Trouver un autre cheval ? Déjà que ton mannequin a des boutons sur la figure aujourd'hui ! Je vais devoir les effacer en post-prod', ça va me coûter une fortune. » Ma repartie fut toute simple : « Si tu ne trouves pas un autre cheval, tu n'auras pas de boutons à effacer… » Je me souviens encore de Margarita, une Argentine tout juste majeure que j'ai accompagnée à l'hôpital Bichat, un soir, à près de minuit, alors qu'elle ne souffrait de rien du tout… sinon d'un chagrin d'amour. Elle était au téléphone avec son chéri, elle voulait le faire culpabiliser parce qu'elle avait compris qu'il la trompait. Lui, il y a cru, il a appelé les pompiers. L'hôtel m'a alertée et je suis arrivée en même temps que les secours. Margarita est allée loin dans la comédie ce soir-là, elle s'est mise dans une position vraiment délicate. Pour moi, c'est bien la preuve qu'elle allait mal, même s'il n'y avait rien de médical là-dedans.

Quand mon propre corps va mal, je consulte un ostéopathe, et quand mes pensées s'assombrissent, je vais voir un psy. C'est la méthode que j'ai trouvée et que je pratique depuis que je suis pleinement adulte. Lorsque j'avais l'âge qu'ont mes mannequins, dix-sept, vingt ans, je me suis laissé happer moi aussi par des situations et des émotions que je ne maîtrisais pas. J'en ai parfois souffert. Il n'y avait pas toujours à mes côtés quelqu'un de plus mature que moi pour m'épauler. J'ai simplement passé un peu de temps à écouter Margarita et les autres, comme j'aime écouter toutes les personnes qui croisent mon chemin, pourvu qu'elles se comportent de manière honnête. Et ni leur statut social ni leur histoire ne les définissent à mes yeux. Mme Pichard, qui habitait au rez-de-chaussée dans l'immeuble où j'avais mes bureaux, était une femme simple, une ancienne prostituée qui avait gardé quelques clients, les fidèles parmi les fidèles. J'ignore si elle touchait une retraite. Je ne sais pas comment l'on cotise, dans cette profession. À la veille d'un Noël, j'ai réuni les membres de l'agence, quelques mannequins qui vivaient à Paris et quelques amis du milieu dans nos bureaux un peu exigus. Tout le monde a participé joyeusement à la fête, même Mme Pichard, même Clément, mon petit apprenti qui paraissait de plus en plus soucieux. Quelques jours plus tôt, il m'avait confié qu'il avait des problèmes d'argent à cause d'une gestion hasardeuse qui l'avait mis à découvert. Je lui avais indiqué comment remettre de l'ordre dans ses comptes et je lui avais versé une petite prime de fin d'année. Puis il m'avait dit qu'il voulait partir à New York, alors je lui avais conseillé d'attendre la *fashion week* suivante : je pourrais parler de lui à des agents et le placer quelque part, lui obtenir la fameuse *green card* sans laquelle un non-Américain ne peut pas gagner sa vie légalement. J'étais attachée à lui, je le considérais un peu comme un de mes enfants. Ce n'est peut-être pas Patronne Simone qu'ils auraient dû me surnommer, à l'époque. Plutôt Maman Nathalie.

Au soir de ce Noël entre collègues – et voisins –, Mme Pichard m'a chaleureusement remerciée. Avec son petit accent du Paris populaire qui rendait tout léger, elle m'a confié qu'elle en avait marre de sa vie. Quelques phrases prononcées sur un ton presque badin, qui exprimaient plus de la lassitude qu'une véritable déprime. J'ai répondu par un mot d'encouragement, sans y prêter plus d'attention. Deux jours plus tard, je découvrais qu'elle m'avait laissé une lettre – de remerciements, encore – avant de se suicider. Mon apprenti, lui, a choisi la vie : avec sa gouaille de camelot, il a embobiné deux chauffeurs réguliers de l'agence et leur a emprunté de l'argent, en mon nom, bien sûr. Il s'en est servi pour acheter un aller simple en avion, direction l'Amérique. J'ai remboursé les chauffeurs, payé ses arriérés de loyer et sa dernière facture d'électricité. Je me suis trompée sur Clément. Il m'a déçue et je crois que malgré ses excuses, des années plus tard, je ne lui ai pas pardonné d'avoir abusé de ma générosité. Je ne donne jamais rien pour être remerciée, mais je tolère mal d'être trahie, dupée, volée. Bien sûr, dans le cadre du travail, ce n'est pas grave : on apprend de ses erreurs, notamment à ne pas se laisser embarquer par ses émotions. Dans la vie intime, « le cœur a ses raisons que la raison ne connaît point », comme on dit souvent.

Heureusement, parfois, il y a des évidences. En 2005, une amie me présente Didier, on se plaît tout de suite, c'est très simple. Avant lui, ayant déjà connu deux échecs, je doutais énormément de moi en tant que femme mais aussi en tant que mère. Je devais tenir tous les rôles à la fois, aimer, soigner, gronder, guider… Je me faisais beaucoup conseiller et aider, j'essayais vraiment d'être exemplaire, mais j'avais peur de faire du mal à mes enfants en ne sachant pas les entourer correctement, leur apporter la sécurité mais aussi l'ouverture d'esprit, la joie et l'écoute dont on a besoin pour bien grandir. Didier a tout cela, il nous offre bien plus encore, et à ses côtés, je me sens beaucoup plus forte. Il gagne sa vie, il est protecteur : je sais que je peux me reposer sur lui et que mes enfants peuvent compter sur lui comme les siens peuvent compter sur moi. Je me sens en paix, donc… Dans l'appartement que nous partageons tous les six quinze jours par mois, c'est pourtant souvent la guerre. Agathe et Alice, en pleine adolescence, n'ont pas demandé à cohabiter. Elles sont tellement différentes qu'elles pourraient être les meilleures copines du monde, au lieu de ça chacune envie chez l'autre ce qu'elle n'a pas. Il faut composer avec le sérieux de la première, l'hypersensibilité de la seconde, et le flegme de Nicolas, le petit dernier de Didier. On tient bon, lui et moi. Et puis au milieu de nous tous, il y a Roman, deux ans, qui a tout gagné puisqu'il y a toujours un grand pour le prendre dans ses bras ou jouer avec lui. Quelques années plus tôt, Didier a survécu à un cancer du sang. Les médecins lui avaient donné trois mois et 5 % de chances de survie. Il a dit : « 5 %, je prends ! » Il n'a pas besoin de moi pour exister mais a envie d'être avec moi. Ça fait toute la différence. Nous sommes à la fois très indépendants et inséparables, deux gros bosseurs qui ne se découragent pas facilement. Il me donne confiance en moi pour avancer sereinement au quotidien, et sur le plan professionnel, il m'encourage à me développer, à prendre des risques. Parce qu'il croit en moi.

Jusqu'en 2014, Nathalie Models ne cesse de croître : sept millions d'euros de chiffre d'affaires.

Cette année-là, un jeu de fusions-acquisitions au sein du groupe Elite m'amène à céder l'activité « homme » de mon agence à Elite Model Management et à fusionner l'activité « femme » avec celle de Women Management, que je dirige depuis. Je garde toute mon équipe, une quinzaine de personnes, j'intègre celle de Women et ensuite celle d'Angèle, une autre agence qui périclite. Les deux premières années, je partage les responsabilités avec l'ancienne patronne de Women, qui quant à elle ne veut rien partager du tout. Ce ne sont que coups bas et faux-semblants. Ridicule et stérile. Tous les matins, je marche de chez moi jusqu'au bureau en serrant les poings, en me répétant que d'autres que moi ont vécu pire, que je dois persévérer. Je ne me suis pas trompée en la choisissant puisque je ne l'ai pas choisie : elle fait partie de la fusion et je suis enthousiaste, quant à moi, à l'idée de développer notre affaire commune. Puis elle quitte la partie, elle change de vie professionnelle, elle va s'installer dans son pays, en Suisse. Je crois qu'elle en est heureuse, et tant mieux. De mon côté, je suis satisfaite de pouvoir travailler à ma façon.

Je restructure les équipes selon les affinités des bookeurs et leurs talents. Même pendant la période la plus dure du Covid, en 2020, où les créateurs ont été privés de défilés, l'agence n'a pas fermé, les collaborateurs se sont démenés pour maintenir l'activité, et je les en remercie encore... Sous ma responsabilité, il y a maintenant une quarantaine de salariés et quelque six cent cinquante mannequins, pour un chiffre d'affaires de vingt-sept millions d'euros en 2019, dernière année pleine avant l'épidémie. Je continue de travailler, forte de mes compétences : voir ce qu'il y a de bon en chacun sans jamais oublier que personne n'est bon dans tout ni tout le temps, associer les différentes personnalités… Et malgré mes failles : je suis parfois maladroite, je me lasse vite, je ne me mets pas assez en avant, si bien qu'on m'oublie ou qu'on me mésestime… J'aurai bientôt l'âge de prendre ma retraite, mais je ne suis pas sûre d'en avoir envie avant des années. D'abord parce que travailler au contact des créateurs et des mannequins me passionne toujours, ensuite parce que l'évolution de la société me laisse à penser que j'ai encore quelque chose à apporter dans le milieu de la mode, dans le monde de l'entreprise, au service des femmes. Or prendre de l'âge ne présente pas que des inconvénients : pourvu que votre parole ait été crédible par le passé, pourvu que vous ayez participé par votre action à faire progresser les choses, on vous écoute d'autant plus. En 2019, j'ai été élue à la tête de la Fédération française des agences de mannequins. Nous œuvrons notamment à faire mieux connaître notre métier. Nous démontrons que nos agences sont les meilleures garantes du respect de la réglementation et de la protection de mannequins. Il y a encore beaucoup à faire. Un premier pas a été franchi avec la charte Kering-LVMH, mais de nouveaux acteurs non réglementés ou venant de pays qui n'ont pas une législation aussi contraignante que la nôtre nous livrent une concurrence sauvage. Alors non, je n'ai pas fini mon travail. À ma modeste mesure, je vais sans doute continuer à secouer le cocotier de la mode encore quelque temps.

ÉPILOGUE

Moi aussi

J'ai reçu le mouvement #MeToo comme un uppercut dans le ventre. En 2017, à la suite des révélations d'actrices sur le producteur Harvey Weinstein, des femmes du monde entier ont choisi de révéler qu'elles aussi avaient été agressées sexuellement, harcelées, violées. J'ai lu leurs témoignages. Je les ai écoutées. Elles étaient des milliers. Des centaines de milliers. Elles étaient anonymes mais je les devinais partout autour de moi : au cinéma, dans la rue, dans les magasins, au bureau sûrement, au bureau aussi. Elles dénonçaient des paroles aussi violentes que des gestes, des gestes qui n'avaient d'innocent que l'apparence, et des actes sexuels commis sur leur corps contre leur volonté. Alors j'ai compris. *Me too*. Moi aussi.

J'avais tout fait pour oublier. Première étape, immédiate, instantanée, et hélas classique :

dissocier mon corps et mon esprit, être spectatrice de la scène. Regarder froidement ce qui se jouait là, constater que ce type se comportait mal, vraiment mal, au point de plaindre sa femme de l'avoir pour mari et ses enfants pour père. Au point de le plaindre, lui, d'éprouver des désirs aussi bestiaux et de ne pas être capable de les réfréner. En somme, au point de le plaindre, lui, davantage que la jeune fille qu'il avait emmenée dans sa voiture.

Deuxième étape, tout aussi banale : minimiser la responsabilité de l'homme en accentuant celle de la jeune fille. Il ne l'a pas forcée à monter dans la voiture. Il ne l'a menacée de rien, elle avait la flemme de prendre le métro pour rentrer chez elle, il a proposé de la raccompagner, elle s'est laissé convaincre. Après, il ne faut pas s'étonner…

Troisième étape : trouver à la jeune fille des circonstances aggravantes. Après tout, dans le bureau, elle a accepté d'enfiler cette robe, les seins nus sous le tissu transparent. Mais lorsqu'il s'est jeté sur elle ensuite, elle a su le repousser. Elle a su dire non, avec fermeté. Elle a su se faire comprendre. Pourquoi alors, une fois dans la voiture, n'en a-t-elle pas été capable ?

Quatrième étape : décréter que la jeune fille est responsable de ce qui est arrivé et ne plus revenir sur la question.

La première fois que j'ai parlé de cet « événement », de cet « accident », puisque je ne trouvais pas d'autre mot pour le nommer, j'en ai fait une histoire anodine. « Tu sais quoi ? L'autre jour, attends, tu vas pas le croire... » J'ai raconté cette fellation forcée comme une anecdote, rien de plus. Je n'ai montré aucune émotion, ma copine ne s'est donc pas inquiétée, je la comprends. Il y avait pourtant en moi une rage monstrueuse. De la colère, de l'humiliation, de la tristesse. Mais aussi un profond dégoût de moi-même.

C'est le dégoût qui est resté, des années, peut-être même toute ma vie. Je me jugeais coupable. J'étais salie et c'était par ma faute. J'avais été faible. Je m'étais laissé faire. Aujourd'hui je me dis que la persistance de ce dégoût m'a peut-être servi, finalement. Que c'est lui qui m'a poussée à prendre soin des autres : pour réparer mon erreur en protégeant des femmes du risque d'être salies à leur tour.

Au moment de tout dire dans ce livre, sans omettre aucune tache sur mon parcours, sans faire semblant, j'ai parlé à mes enfants, Alice et Roman. Ils ignoraient ce que j'avais vécu, à quinze ans, dans une voiture de luxe rouge garée dans un parking souterrain. Je n'ai pas trouvé les mots cette fois non plus. Pour ne pas les blesser, en tout cas le moins possible, j'ai laissé flotter cette phrase : « Moi aussi, j'ai eu mon #MeToo. » Il n'a pas été question de viol. Et non, je ne veux toujours pas être une victime. Il m'a longtemps suffi d'affirmer que je n'en étais pas une pour y croire.

Oublier aurait été commode. J'ai essayé, mais je n'y suis pas parvenue. Aujourd'hui, je veux me souvenir toujours de la voiture rouge et de ce qu'une ordure en costume hors de prix a fait subir à l'enfant que j'étais encore. Parce que c'est sur cette blessure que je me suis construite. Bien sûr, j'aurais préféré ne pas la subir, mais elle m'a donné la force de faire face aux difficultés, de cultiver les conditions de mon indépendance et d'affirmer qui je suis. Mon père, devenu vieux, a commencé à perdre ses mots, ses affaires, puis ses souvenirs. Devenue adulte, plus courageuse peut-être face à lui, j'aurais aimé lui poser des questions sur sa vie, ses choix, ses toiles, et aussi sur nous. Je n'en ai pas eu le temps. Alzheimer l'a privé d'être lui-même des mois avant sa mort. À la toute fin, quelles pensées s'agitaient derrière ses yeux qui furetaient autour de mon visage ? Il ne me reconnaissait pas. « Qui êtes-vous ? », m'a-t-il demandé. « Je suis ta fille. » Mais il n'y a pas cru. « Non, je n'ai pas eu de fille. » Peut-être que Stéphane, depuis qu'il avait déclaré sa maladie, avait pris toute la place dans son cœur. Peut-être mon père me signifiait-il seulement que j'avais réussi, finalement, à me défaire de lui, de son autorité, de son jugement rarement bienveillant, et même rarement juste. Il me regardait avec haine. Je n'en méritais pas tant. Sa propre maladie l'avait plongé dans une autre réalité, elle lui avait confisqué une grande partie de son histoire et de ceux qui l'avaient accompagné.

C'est triste. Puisque j'étais là, et puisque j'étais bien sa fille, j'aurais pu lui tenir la main.

Il n'a pas su que j'avais été la proie d'un homme qui aurait largement pu être mon père. Au fond, j'ai moi-même compris si tard ce qu'il m'était arrivé... Je crois que toutes les femmes qui portent plainte contre leur agresseur vingt ou trente ans après les faits sont plus ou moins passées par les mêmes étapes que moi. Le déni, la culpabilité, le dégoût... Et dire qu'il y en a pour nous dénigrer. Affirmer qu'on aurait pu se réveiller plus tôt... Il faut être forte pour endurer, en plus de la blessure, une telle injure.

Elles aussi

Les récits historiques regorgent de servantes troussées puis rejetées par leur maître et de bourgeoises violées dont l'époux lave l'honneur au cours d'un duel au pistolet. Monsieur ayant alors apporté la preuve de sa vaillance, l'affront est effacé, il regagne le lit de sa femme. Il est toujours question de possession. De pouvoir. Et de parole tue, ou pas entendue.

Je ne travaillais plus chez Elite avec Gérald Marie depuis cinq ans lorsque, en 1998, une journaliste de la chaîne britannique BBC a produit un documentaire *undercover* – avec l'un de ses confrères, photographe, elle s'était infiltrée au sein de l'agence en se faisant passer pour un mannequin. J'ai vu ce film. Gérald Marie y apparaissait trivial dans ses propos comme dans ses gestes, mais il n'y avait aucune preuve qu'il ait violé qui que ce soit. Deux ans plus tard, la chaîne et l'agence avaient signé un accord pour que les images soient enterrées. En échange, Elite abandonnait sa plainte pour diffamation à l'encontre de la chaîne.

En 2020, la journaliste a porté plainte pour agression sexuelle contre Gérald Marie. Elle savait que les faits étaient prescrits au regard de la justice, mais elle espérait que d'autres femmes l'imitent. Elles sont une quinzaine aujourd'hui à porter plainte pour des faits qui, d'après ce que j'en sais, se seraient principalement produits au début des années 1980, donc prescrits également. Elles espèrent que la force de leur nombre poussera la justice à passer outre ce délai de prescription. Ou que des victimes plus récentes se feront connaître.

Il ne m'appartient pas d'affirmer que leurs accusations de viol sont fondées : je n'en ai pas été témoin et rien ne m'a été rapporté à l'époque. Mais ce que je veux dire avec force, c'est que la parole de ces femmes mérite d'être entendue. Parce que je crois qu'aucune femme ne sort de trente ans de silence sans raison. Il faut bien que chacun se rappelle ceci : les femmes qui dénoncent une agression n'ont rien à gagner. Elles s'exposent elles-mêmes au jugement de la société qui est souvent sévère : « Elles n'avaient qu'à le dire quand c'était le moment ! C'est trop tard maintenant, qu'elles se taisent ! » Pourtant, reconnaître son statut de victime demande beaucoup de courage.

Si j'ai croisé dans ma vie certaines des plaignantes et si je n'ai pas su voir leur détresse, je leur demande de me pardonner. Si Gérald Marie est innocent des faits qui lui sont reprochés, que justice lui soit rendue. Je souhaite ardemment que la vérité soit démontrée, quelle qu'elle soit, et que personne ne la mette plus en doute. Parfois, je me prends à rêver que le respect de l'autre devienne une valeur universellement partagée, qu'aucun corps ne soit plus jamais sali, mais c'est un vœu pieux : on le sait bien, les jeunes et jolies filles qui arpentent les podiums et posent dans les magazines ne sont pas les seules proies des violeurs. Nous sommes toutes des victimes potentielles.

Nous tous

J'ai commencé ma carrière d'agent de mannequins à l'époque des téléphones à cadran rotatif. On se prenait les pieds dans les fils, on allumait sa cigarette au mégot de la précédente, on avait les doigts crasseux à cause du papier carbone qu'on glissait entre deux feuilles pour établir les contrats, mais les stars des défilés allaient de Paris à New York en Concorde… Elles n'étaient que quelques-unes, partageaient les couvertures des magazines avec des vedettes de cinéma et, comme ces dernières, elles étaient blanches, citadines, éduquées. C'était il y a… quarante ans.

Mille avancées technologiques ont bouleversé nos vies depuis, accélérant le temps, élargissant le monde. La petite société de la mode est devenue plus inclusive. Elle se fait le reflet de la société tout entière, et je défie quiconque de me démontrer que « c'était mieux avant » ! Le diktat de la minceur n'a pas disparu mais d'autres formes sont apparues dans les défilés. Même si ce n'est pas la norme, il y a aussi des filles rondes, toutes les couleurs de peau, et même tous les âges.

La pluralité des corps et la diversité des personnalités que je défends depuis toujours s'imposent et cela me réjouit. Des mannequins comme Loli Bahia, Raya Martigny, Ashley Graham, Kayako Higuchi, Jill Kortleve, par leur façon d'être sur les podiums, mais aussi par ce qu'elles dévoilent d'elles sur les réseaux sociaux, sans fards, sans effets, invitent les gens à se montrer eux aussi tels qu'ils sont. À s'accepter et à s'assumer. Elles prouvent qu'il faut parfois se battre pour exister mais que le succès peut venir nous récompenser d'avoir osé. Et oui, je glisse volontiers quelques noms de transgenres dans cette courte liste, parce qu'elles ont toutes leur place dans la mode, dans la société et dans les pages de ce livre...

Au fil des années, j'ai acquis plus d'assurance et de notoriété, j'ai été sollicitée par diverses organisations : je siège désormais au Medef – pour qu'il y ait une femme de plus, nous ne sommes pas si nombreuses – et aux prud'hommes, où je suis souvent touchée par les parcours douloureux des gens. C'est en s'impliquant de façon active et concrète dans la société que l'on peut faire avancer les choses. En votant, en communiquant, en manifestant. Pourtant les droits des femmes reculent même dans les plus grandes démocraties : il n'y a qu'à voir les États-Unis, où la Cour suprême a révoqué le droit à l'avortement sur le plan fédéral, après quoi il n'a pas fallu vingt-quatre heures pour que plusieurs États conservateurs l'interdisent. J'ai l'impression que les décisions importantes qui nous concernent sont prises par une poignée d'hommes nostalgiques d'un temps que je pensais révolu : celui où ils régnaient sur l'autre moitié de l'humanité que sont les femmes. Alors, puisque c'est le chaos, il faudrait parler fort pour que les voix des opprimé(e)s se fassent entendre. Écrire, dénoncer, alerter sur les réseaux sociaux permet parfois des prises de conscience – #MeToo en est un exemple parfait –, mais cela ne suffit évidemment pas. Paradoxe : alors qu'on n'a jamais eu autant de moyens de s'exprimer, les protestations restent sans grand effet. Derrière un écran, on ne s'indigne qu'en sourdine… Même le silence des salles de booking m'étonne : désormais, toute la communication se fait par TikTok, par Instagram, sur les blogs… Les créateurs et les photographes ne se donnent plus la peine de venir rencontrer les mannequins dans les agences : ils se contentent de regarder leur écran et de tchatter avec elles pour faire leur connaissance. Et je ne sais pas, en cas de nouvelle épidémie, si les défilés n'auront plus lieu que dans les métavers…

La mode est un jeu qui demande de se réinventer sans cesse. Que l'on soit créateur, photographe, mannequin, agent de mannequin, on a vite fait d'être éjecté de la partie. C'est un jeu complexe dans lequel tous les coups ne peuvent pas être anticipés mais où rien ne relève non plus du hasard : car la mode devance la société dans toutes ses évolutions, et montre le chemin à suivre. Il suffit de descendre dans la rue pour le voir. Le spectacle permanent des hommes et des femmes vêtus, chaussés, bijoutés, chapeautés, maquillés, coiffés, selon leurs choix – et parfois l'absence de choix est un choix, je peux en témoigner ! – me le certifie : la mode ne concerne pas une élite mais l'humanité tout entière. Apparemment superflue, elle est fondamentale en vérité, parce qu'elle permet à chacun de dire quelle place il veut prendre dans la société, en première ligne ou en retrait. Elle paraît commander une façon unique de se présenter aux autres ; selon moi, elle exhorte au contraire à montrer sa singularité. Elle fait de nous à la fois des acteurs et des témoins de notre époque.

J'ai souvent entendu dire que « la mode est un éternel recommencement ». C'est n'avoir rien compris non seulement à la mode, mais aussi à celles et ceux qui la créent et la font évoluer. Un « éternel recommencement » ? Sûrement pas. Plutôt un éternel renouvellement, auquel nous pouvons tous prendre part.

Remerciements

Je remercie tout d'abord Roxane Rouas, ma bonne fée, Caroline Andrieu, ma complice, et Clarisse Cohen pour son professionnalisme sans faille. Vous m'avez offert un grand cadeau en me permettant de tout dire…

À mes sauveurs, vous qui m'avez repêchée plus d'une fois :

Marc Lévi, mon psychanalyste, qui avez été avec moi de tous les combats ; Sam Cohen, magicien des mains, qui avez soigné mes maux au-delà du corps ; François Bloede, qui continuez à faire le tri entre mes vraies maladies… et celles que je m'invente ; Annick, qui as toujours su trouver les encouragements dont j'avais besoin.

Évidemment, merci à mes amis, ceux de longue date et ceux que j'ai brièvement croisés, qui m'ont permis parfois, avec seulement quelques mots, de retrouver des forces. Merci à Sophie, Madame Pin, Janique, Chrystèle, Pascaline, Éric, Alexandra, Francis, Chloé, Guillaume, Laura, Didier, Lucien, Alex et Titi.

Charles, je suis si triste : tu ne pourras pas me lire… mais de toute façon, tu savais tout !

Merci enfin à toutes les équipes avec qui j'ai tant partagé, avec qui je partage encore.

Spéciale dédicace à Béatrice, ma sœur qui m'a transformée en Mélusine !

Nathalie Cros-Coitton

Merci à Nathalie et à l'équipe de StudioFact pour leur confiance dans cette aventure littéraire en réalité augmentée…

Caroline Andrieu

Table des matières

Maquette intérieure : Clement Buée
Composition et mise en page : Bruno Ringeval
Préparation de copie : Carine Barth
Correction : Salomé Marie
Direction éditoriale : Clarisse Cohen

Cet ouvrage a été achevé d'imprimer sur Roto-Page
par l'Imprimerie Floch à Mayenne
en novembre 2022
pour le compte des Éditions StudioFact

Dépôt légal : novembre 2022
N° d'impression : 101185
Imprimé en France